총서를 펴내며

이 총서는 무엇보다도 우리의 현실세계에서 논의되는 큰 문제들에 관심을 갖는 일반 독자들을 위해 출간되었다. 그런 만큼 이 총서는 저자들의 면모나 소재면에서 프랑스 사회만의 문제가 아니라 유럽과 전세계의 문제들을 대상으로 하고 있으며, 시앙스포 출판부 나름대로의 방식으로 대중의 대논쟁에 참여하고자 기획·집필된 책들이다.

따라서 이 총서의 목표는 지식인들이나 대학교수 및 연구자들에게 정치, 경제, 사회 전반에 걸친 본질적인 문제들에 대해 생생한 관점을 제공하는 데 있다. 물론 여기에서 관점이란 저자들이 충분한 숙고와 연구 끝에 얻어낸 것이다.

시앙스포 출판부는 여론을 선도하는 전문인들의 영역으로만 논쟁을 한정짓지 않으려고 노력함으로써, 까다로운 사회과학도 스스로의 한계에서 벗어나 사회적 효용을 가질 수 있음을 보여주고자 한다. 사회과학다운 엄정성을 지키면서도 무거움을 버리고, 여론 마케팅의 함정에 빠지지 않고도 시대의 문제에 관심 있는 시민들이 접근할 수 있는 내용을 갖춘다면, 사회과학도 명확하고 간결하게 시대를 증언할 수 있고, 나아가 상투성을 극복하고 편의성의 허상을 폭로할 수 있는 것이다.

비평적 도구와 기술적 예시의 무거움을 덜어내고 지루하지 않도록 짜여진 각 권의 내용은, 학술적인 종합이 아니라 지식인 공동체가 언제라도 활용할 수 있는, 명쾌하고 직접적인 표현으로 되어 있다.

백과사전적인 지식의 나열을 지양하고 현실에서 제기되는 쟁점을 집중적으로 탐구하는 이 총서는 불필요한 군더더기 없이, 지나친 단순함이나 지나친 난삽함을 벗어나 진정한 의미의 대중적 논의 마당을 열어보이고자 한다. 그리하여 이 총서는 진정한 참여의 문화를 건설하고자 부단히 노력한다.

▪ 편집기획위원

베르트랑 바디, 장-바티스트 부아예, 장-뤼크 도므나크,
마리-프랑수아즈 뒤랑, 세르주 위르티그, 알랭 랑슬로,
자크 르카쉐, 티에리 르테르-로베르, 미레이으 페르슈,
도미니크 레니에, 르노 생솔리외, 크리스토프 드 보그드

시앙스포 출판부

한울-시앙스포 총서 5

내정간섭

•

필립 모로 드파르주 지음
문경자 옮김

한국어판 감수의 글

민주사회가 민주시민을 만드는가, 민주시민이 민주사회를 만드는가? 분명한 것은, 민주주의란 단순히 고정된 사회제도가 아니며, 안정과 발전을 위해 시민들의 각성과 참여를 요구한다는 사실이다. 각성된 시민들의 지속적인 정치참여만이 민주사회의 기초를 튼튼히 다지고, 안팎의 변화에 맞춰 개별 사회에 알맞은 민주질서를 형성해간다. 민주화의 첫단계를 지나 좀더 발전된 민주사회를 이룩하려는 우리 사회에서 시민들의 각성과 참여를 가능케 하는 시민사회 차원의 노력은 무엇보다도 중요하다. 한울-시앙스포 총서는 이러한 노력의 하나로 기획되었다.

'세계화'로 불리는 20세기 말의 세계질서 재편과정에서 지구상의 모든 국가, 공동체, 개인은 서로 연결되어 있으며 지구촌 전체의 변화로부터도 자유롭지 못하다. 따라서 자신의 사회질서를 발전시키려는 지구촌의 모든 구성원들은 급변하는 세계질서에 따라 자기 자신의 생활공간과 사회제도를 새롭게 구축해야 한다. 현실세계에 대한 올바른 이해와 깨어 있는 의식에 바탕을 둔 지구촌 구성원들 각자의 노력이 모아져서 개별 사회질서와 세계 전체의 질서는 사람이 살 만하게 바뀔 수 있다. 이 총서의 주제들은 세계를 이해하고 변화시켜 나가려는 지구촌 구성원들이 꼭 알아야 할 현실문제들이다.

이 총서에서는 대중의 관심을 끌고 있지만 잘 정리되어 있지 않은 사회과학의 여러 분야에 걸친 문제들이 대중성과 전문성의 적절한 균형 속에서 다루어지고 있다. 미국 중심의 세계질서 재편이 이루어지고 있는 현실에서, 그리고 미국의 영향을 직접 받고 있는 우리 사회에서 프랑스 지식인들이 민주주의와 세계질서 재편을 포함한 현대세계와 관련된 주요한 쟁점들에 대해 보여주는 이해와 비판은 우리 자신의 문제를 좀더 폭넓은 관점에서 바라볼 수 있게 해준다. 그러나 정치, 경제, 문화 각 분야에서 나타나는 우리 사회와 프랑스 사회의 차이는 주제에 따라 엄청난 시각차를 일으킨다. 따라서 이 총서는 독자들의 이해를 돕고 우리 나름대로의 관점을 찾기 위해 각 권마다 해설을 덧붙였다.

다양한 현실문제들을 다루고 있는 한울-시앙스포 총서가 우리 사회에서 건전한 시민문화를 형성하고, 나아가 세계화 시대를 함께 살아가는 인류공동체의 진보에 기여할 수 있게 되기를 바란다.

박순성(동국대 교수, 경제학)

UN MONDE D'INGÉRENCES

Philippe Moreau Defarges

Presses de Sciences Po

Paris, 1997

UN MONDE D'INGÉRENCES
by Philippe Moreau Defarges

한울-시앙스포 총서 5

내정간섭

서론

내정간섭권의 놀라운 쾌거에서 위기로

1987년 법학 교수인 마리오 베타티(Mario Bettati)와 『프랑스 박사들(*French doctors*)』의 상징적 인물인 베르나르 쿠슈네르(Bernard Kouchner)의 주재로 파리에서 열린, '인도주의적인 권리와 도덕'에 관한 세미나에서 '내정간섭의 의무'가 권장되었다. 이 표현이 정식화되자 일대 논쟁이 벌어졌다. 다음과 같은 야심에 찬 문건들이 국제연합(UN) 내에서 채택되었다. 1988년 12월 8일 총회에서 채택한, '천재지변과 그에 준하는 긴급 상황의 희생자들에 대한 인도주의적 원조'에 관한 43/131 결의안, 1991년 4월 5일 이라크 군대의 탄압에 시달리는 쿠르드 국민 원조를 위해 기구를 결성할 것을 원칙으로 결정한 안전보장이사회의 688 결의안 등이 그것들이다.

　그러나 곧이어서 논쟁들이 터져나오기 시작했다. '내정간섭의 의무'라는 표현 자체는 국제질서의 신성불가침한 원칙인 각 국가의 주권이 인간의 연대라는 절대적 요청에 종속된다는 것을 암시하기 때문에 다분히 선동적이라 할 수 있다. 이 연대가 위기 상황에서 '내정간섭', 다시 말해 희생자들을 돕기 위한 외부의 간섭을 정당화시킨다. 국가의 주권을 옹호하는 까다로운 사람들에게 있어서 '내정간섭'이라는 단어는 가상적인 국제사회에 국가들 내에서 행동할 수 있는 권리를 부여하는 것이므로 수용될 수 없는 말이다. 원조는 관련 국가의 동의를 요구하며, 이러한 원조만 가능하다. 따라서 다음과 같은 질문들이 이어진다. 한 국가의 동의 없이 내정에 개입하는 것은 정당할 수 있는가? 어떤 조건에서? 어떤 목적으로? 국가들 위에 전세계적인 공동체가 존재할 수 있는가? 그것의 가능한 —법적, 정치적 — 실체는 무엇인가? 그것이 국가들과 그 지도자들뿐만 아니라 개인들에게 부과할 수 있는 의무는 어떤 것인가? 누가 이 공동체의 이름으로 말하고 행동할 자격을 부여받을 수 있는가? 그것은 최강국들이 가면을 쓰고 본래의 자기 모습을 감추고 있는, 하나의 허구에 불과하지 않을까? 끝으로 내정간섭은 일종의 의무인가, 권리인가? 아니면 동시에 의무이자 권리인가?[1]

1980년대에서 1990년대로 넘어가는 전환기에 내정간섭, 즉 상처입은 인간 공동체를 책임지고 그가 스스로 자립하거나 갱생할 수 있도록 돕는 것을 목적으로 한 활동 기구가 체계화되면서 제도화로 정착된 듯하다. 나미비아(Namibie)의 독립(1989~1990), 이라크로부터 쿠르드 족의 구출(Provide Comfort, 1991), 캄보디아 독립정부의 재건(1992~1993).

그런데 1992년부터는 이러한 조직의 추진력이 약화되기 시작한다. 잇따른 전쟁에 휩싸인 전(前) 유고슬라비아에 대해 유엔, 국제연합 안전보장이사회는 전투를 중지시키고 국민을 보호한다는 두 가지 사명을 띤 국제연합군의 파견을 결정했다. 국제연합군은 매우 곤란한 입장에 놓이게 되는데, 전쟁을 할 권리도 수단도 없이 교전국들 사이에서 중립적인 태도를 유지해야 하는 그들로서는 교전국들에 의해

---

1) 내정간섭의 주창자들에게서조차 이는 완전히 정식화되어 있지 않다. 1987년 마리오 베타티와 베르나르 쿠슈네르는 공동 책임 편집으로 『내정간섭의 의무(*Le devoir d'ingérence*)』(Paris, Denoël)라는 책을 출간하였다. 1996년에는 이 문제를 총괄하여 마리오 베타티가 이 책에 다음과 같이 제목을 붙였다(『내정간섭의 권리, 국제질서의 변천(*Le droit d'ingérence, mutation de l'ordre international*)』(Paris, Odile Jacob)).

이용당하기 쉽고 또한 무엇보다도 학살이나 인종청소를 막을 수가 없었기 때문이다.

이어서 소말리아 사태가 벌어진다. 1992년 서구의 텔레비전들은 민족 분쟁 때문에 분열되고 황폐해진 이 지역의 기근을 담은 비극적인 영상을 방송으로 내보냈다. 눈이 움푹 패인 아기를 안고 있는 엄마들, 배가 불룩한 아이들 등. 여론이, 특히 미국의 여론이 발칵 뒤집혔다. 당시 미국에서는 대통령 선거가 한창이었다. 여당 후보인 공화당의 조지 부시(George Bush)에게 상황은 그다지 유리하지 않았다. 소말리아를 위해 무엇인가를 한다는 것은 미국의 서민들을 자극하는 일이 아닌가? 그때 국제연합의 위임에 의해 '희망회복'운동(l'opération Restore Hope)이 벌어졌다. 이 운동이 부시의 실패를 막아주지는 못했지만 언론이 엄청나게 떠들어대는 가운데 이 운동은 개시되었다. 1992년 12월, 미 해군이 텔레비전 카메라 앞에서, 『전쟁 묵시록(*Apocalypse Now*)』의 베트남을 환기시키는 장면을 재현하며 모가디슈(Mogadiscio) 해변에 상륙했다. 사태는 급속히 악화되었다. 전쟁의 주역들을 협상으로 이끌기 위해 교섭이 시도되었지만, 이들은 자신의 기반을 방어하고 국제적인 이득(만나(manne))을 취할 생각만 했다. 해방군으로 환대받던 군인들은 곧 점령자로 고발당하고 여러 당파들의 표적이 되었다.

1994년 3월 31일 소말리아에 주둔하던 마지막 미군이 완전한 무관심 속에 그곳을 떠났고, 아시아와 아프리카의 잔존 병력은 그곳에 남아 가능한 한 빨리 국제연합의 개입을 마무리지으려 했다.

1990년대 초, 내정간섭의 의무(혹은 권리)는 새로운 세계질서에 대한 덧없는 꿈과 함께 존속했다가 그 꿈과 함께 날아가버린 것일까? 내정간섭의 원칙을 실현한다는 특권을 지닌 도구, 국제연합은 위기에 빠졌다. 이 위기는 1960년대부터 조짐이 보이기 시작한 것으로 세계기구의 미래에 대해 심각한 의심을 불러일으켰다. 명쾌한 정치적 해결책은 없는 채 현지(앙고라에서 전 유고슬라비아까지, 서사하라에서 르완다까지)에 대한 정치 참여의 증대, 특히 이 체제의 핵심을 이루는 두 국가(미국, 러시아)의 지불 연체로 인한 재정적 파산의 위협, 모순되거나 별 효력 없는 결정을 자주 내리는 안전보장이사회에 대한 신뢰의 약화, 마지막으로 어쨌든 국제연합을 창설한 원조로서 총회에 의해 법정에 서게 되는 것을 용인하지 못하는 미국에 대한 공소(公訴), 이것이 전세계 민주주의의 완성되지 못한 밑그림이다.

이 책의 목표는 내정간섭의 미래에 대해 숙고해보는 것이다. 이 작은 책자는 하나의 노선을 따르고 있다. 내정간섭은 다양한 형태를 띠고 일상적으로 곳곳에 편재하는, 요컨대 사회생활의 정상적인(이 형용사가 지닌 모든 의미에서) 현실이며, 따라서 사회생활의 다양한 측면들 중의 하나인 국제적 삶의 정상적인 현실이다. 내정간섭에 대한 거부와 내정불간섭에 대한 요청은 똑같이 당연하다. 그러나 내정간섭이 모든 교류(개인들간의, 사회집단들간의, 국가간의)에 의해 유발되는 반면 내정불간섭은 구성되어야 한다. 따라서 그것은 다양하고 모순적인 해석을 야기하는 법안이나 규범으로 정식화되는, 인위적이고 불안정하며 아마도 가공적인 어떤 것이라 할 수 있다. 물론 내정불간섭이라는 공식적인 법령 규정(주권국가의 법령과 같이)을 침해하는, 조직적이고 제도화된 내정간섭도 마찬가지로 법안을 요구한다. 따라서 20세기 말 현재, 이 세계는 극도의 혼잡함과 좁아진 지구촌, 온갖 종류의 교류의 격증으로 인해 조직적이면서도 자발적인 내정간섭들이 야기되고 있다. 이로부터 내정간섭을 거부하는 다양하고도 격렬한 반발 역시 생겨난다. 내정간섭과 내정불간섭 사이의 이같은 변증법이 내정간섭 기구의 국제적인 메커니즘에 의해 극복되고 조정될 수 있을까?

이러한 시각에서 볼 때 분명 (고통받는 사람들에게 구원의 손길을 내민다는) 고귀한 동기에 의해 주도되는 인도주의적 내정간섭도 많은 내정간섭들 중의 하나일 뿐이다.

이러한 노력도 국제관계 속에서 이루어지는 온갖 형태의 내정간섭에 기반을 두고 있다. 내정간섭은 그것이 '좋은 것'이든 '나쁜 것'이든, '도덕적'이든 '비도덕적'이든 일관된 문제의식을 가지며, 이는 개인들간의, 국가들간의, 혹은 여러 인간집단들간의 관계와 관련이 있다. 타자를 위하여 인간은 무엇을 해야 하고 무엇을 할 수 있는가? 하지만 또한 타자를 위하여 무엇을 해서는 안되고 또 할 수 없는가? 어떤 동기들이 타자에게 영향을 미쳐 그의 행동 노선을 바꾸는 일을 정당화시킬 수가 있는가? 결국 '합법적이고' '효율적인' 내정간섭과 '비합법적이고' '비효율적인' 내정간섭이 있는 것인가?

이 글의 중심 노선은 단순하다. 인간은 누구나 언제나 타자에게 영향을 미치고 또 그로부터 영향을 받기 때문에 내정간섭은 모든 인간관계와 불가분한 것이다. 내정간섭의 특수성은 그것이 간섭을 하는 자와 내정간섭의 대상이 된 자 사이의 불평등을 내포하고 있다는 데서 비롯된다. 그런데 모든 인간관계는 살아 있고 변증법적이므로 우열의 관계는 늘 변할 수 있으며, 언제나 하나가 다른 하나를 은폐할 수도, 심지어 그 관계가 역전될 수도 있다. 더욱이 내정간섭은 한없이 추진되는 반(反)내정간섭을 야기한다. 제2차 세계대전과 식민지 해방 이후 헤게모니와 간섭의 전통적인 논리에 대한 반동으로 국제기구가 편성되었으며, 그것은 무엇보다도 외부의 모든 내정간섭으로부터 주권국가를 보호하려고 해왔다. 바로 이 시기 동안 교류 — 평화적이든 공격적이든 — 의 격증, 공간과 시간의 단축, 인류의 연대에 대한 더욱 첨예해진 의식으로 인해 온갖 종류의 내정간섭, 특히 인도주의적인 내정간섭의 실현이 가능하게 되었다. 그러나 내정간섭이 과연 비정치적일 수 있는가? 역관계를, 그리고 관련자들(국가, 게릴라 운동, 심지어는 인도주의적 협회들)의 막후공작 역량을 배제시키고 실현될 수 있는가? 더욱이 공산주의체제가 붕괴하고 제3세계를 지지하는 자들의 희망이 무너진 이 20세기 말에 자유민주주의 — 전통적으로 가장 성숙한 자유민주주의의 틀이 바로 주권국가이다 — 는 전인류에게로 확대되어가는 듯이 보인다. 그렇다면 이러한 사회정치체제는 내정간섭의 발전을 촉구할 것인가, 아니면 반대로 처단할 것인가? 마지막으로 진행중인 국제체제의 변동 — 국가 협정의 증가, 이른바 전지구적인 문제들의 발생, 매체들의 편재, 감시와 감사 장치의 발달 — 이 국가간 내정간섭의 법제화를 추진시킬 수 있을 것인가? 바야흐로 다음과 같은 최종적인 질문이 반드시 제기되어야 한다. '올바른' 내정간섭, 즉 충분히 효율적인 동시에 충분히 합법적인 내정간섭은 존재하는가?

1
내정간섭의 관계

내정간섭은 (원조, 속박) 행위라기보다 일종의 관계, 즉 최소한 두 명의 개인이나 두 실체 사이의 상호작용으로 파악된다는 조건하에서만 이해될 수 있다. 인간 고유의 교환 행위가 있어온 이후로 내정간섭이 혹은 적어도 내정간섭의 위험이 있어왔다. 인간은 누구나 타인을 납득시키고 그리하여 그의 태도를 제압하고자 한다. 폴 발레리(Paul Valéry)에 따르면 누군가에게 말을 한다는 것은 그에 대해 영향력을 갖는 동시에 그에게 자신에 대한 영향력을 허용하는 것이다.

내정간섭의 범위는 거대하며 아마도 무한할 것이다. 그것은 타자의 영역에 개입하는 모든 행동을 말한다. 이 행동은 아주 모호한 충고에서부터 집단적인 압력(군사행동)까지, 부드러운 권유에서 노골적인 난폭함까지를 다 포괄한다. 내정간섭은 고의적일 수도 있고 무의식적일 수도 있으며 또한 본인의 뜻에 반해서 이루어질 수도 있다. 심지어 내정간섭으로 느껴진 것이 내정간섭으로 이해되지 않기도 한다. 자식을 교육시키는 어떤 부모가 그들의 인성에 개입한다는 느낌을 가지는가? 그러나 아이가 자신의 성격이 그가 받은 교육으로 인해 왜곡되고 변형되었다고 생각할 수는 없겠는가? 무엇보다도 내정간섭의 관계는 그것이 사적인 공간(가정)에서 이루어지든 국가간의 관계에서 이루어지든 매우 충격적인 상수들(常數)에 의해 특징지어진다.

내정간섭의 정당화

내정간섭을 정당화하는 수사는 놀라우리만큼 한결같다. 내정간섭의 주창자는 자신이 우두머리인 어떤 공동체(비공식적이건 공식적이건) 내에서 흔히 구현되는 상위의 가치들의 파수꾼, 옹호자로 규정된다. 간섭은 일반적으로 내정간섭의 주체가 지켜야 할 의무가 있는 이러한 가치들과 그 공동체를 겨냥한 일종의 위협 ― 현실적인 혹은/그리고 상상적인 ― 에 의해 야기된다.

"(……) 만약 미개인들이 그리스도에게로 개종한다면, 그런데 그들의 우두머리가 폭력이나 두려움을 이용하여 그들을 우상숭배로 몰고 가려고 한다면, 스페인인들은 다른 방식으로 사태를 해결할 수 없을 경우 이를 계기로 전쟁을 선포하고 미개인들이 그러한 불의를 저지르는 것을 강제로 단념시킬 권리를 가지고 있다"[1](프랑수아 드 비토리아(François de Vitoria), 성 도미니크회 수도사, 1480~1546).

이 문건은 많은 것을 의미한다. 내정간섭을 하는 자는 진리의 담지자이다. 아니 적어도 자신을 진리의 담지자로 여긴다. 따라서 폭력을 포함하여 필요한 온갖 수단을 동원해서 자신의 진리를 확립시켜야 할 의무와 권리를 가지고 있다.

1792년 혁명기의 프랑스가 군주제하의 유럽에 전쟁을 선포하고 프랑스 군대를 뒤따라가며 자매 공화국들을 세웠을 때, 프랑스는 민중의 자유와 행복을 내걸었다. 1815년 거의 유사한 방식으로, 러시아의 알렉산드르 1세의 주도하에 러시아 황제와 오스트리아의 황제, 그리고 프러시아의 왕 사이에 체결된 신성동맹은 '분리될 수 없는 성 삼위일

---

1) Association internationale Vitoria-Suarez, *Vitoria et Suarez. Contribution des théologiens au droit international moderne*, Paris, Pedone, 1939, pp.70-71.

체의 이름으로' 자국 국민의 행복을 지키는 파수꾼으로서의 군주들의 사명을 내세우고 이를 토대로 혁명이라는 히드라가 깨어나지 못하도록 하기 위한 간섭을 허용했다. '행복'에 대해 양측이 동일한 관념을 가지고 있는 것은 분명 아니지만, 각자는 보다 상위의 가치를 자신이 담지하고 있다고 생각한다. 따라서 그들 각자는 이 가치를 지키거나 확산시키는 것을 가장 중요한 일로 여긴다. 이 두 과업은 분리될 수 없다. 보편적인 야망에 찬 이 절대적 요청이, 만약 전인류에게로 확산되지 않는다면 어떻게 견지될 수 있겠는가?

얼마가 지나 19세기 후반에는 식민지 개발의 조직화, 유럽 강대국들에 의한 국민과 국가의 신탁통치는 루디야르 키플링(Rudyard Kipling)의 뛰어난 표현처럼, '백인의 막중한 책임'으로 정당화된다. 문명국가들은 많은 야만족들을 교화시키고 그들을 진보의 길로 이끌어갈 의무가 있다. 1904년 미국의 대통령, 강경책의 주창자인 시어도어 루스벨트는 매우 명확하고 단도직입적으로 카리브인들에 대해 자국의 개입이 입각해 있는 정신을 정당화한 바 있다. '난폭한 악, 또는 문명사회의 유대를 전반적으로 약화시키는 결과를 초래할 무능력이 결국 문명국가의 간섭을 초래할 수 있으며, 미국은 지구의 반쪽인 서방세계에서 수행해야 할 자신의 임무를 모른체할 수 없을 것입니다.'[2] 이러한 관점에서 볼 때 내정간섭은 더이상 이런저런 문제들 중의 하나가 아니다. 특히 아마도 은밀한 불안을 감추고 있을 마니교적인 정신에 의해 스스로 책임을 질 수 있는 인간(백인, 남성, 다수, 이성애자, 건전한 심신의 소유자, 기혼자, 유산(有産)자)과 완전한 인간이 못되고 엄중한 감시를 받아야만 하는 모든 사람들(유색 인종, 여성, 어린이, 동성애자, 광인, 독신자, 무산자들)을 대립시키는, 실증주의적인 유럽에서 내정간섭은 당연한 것이다.

이와 같은 논리는 두 개의 진영이 대치하던 냉전시대에도 있었다.

대서양측의 민주주의 이데올로기는 원칙적으로 그 진영에 속하는 회원국들의 내정에 대한 간섭을 금했다. 그렇기는 하지만 동서 대치 상황과 진영의 통일성을 유지해야 하는 필요 때문에 압력은 있었다. 전해오는 말에 의하면 1947년 공산당원들이 프랑스와 이탈리아 정부를 떠난 것은 워싱턴에 의해 강요된 것일 수도 있다고 한다. 그러나 기록

2) 다음 저서에서 인용.
Olivier Corten, Barbara Delcourt, Patrick Herman, Pierre Klein, Olivier Paye, Eric Remacle, Eric Robert & Jean Salmon, *A la recherche du nouvel ordre mondial I, Le droit international à l'épreuve*, coll. (Interventions), Bruxelles, Complexe, 1993, p.182.

을 펼쳐보면 실상은 전혀 그렇지 않은 것으로 되어 있다. 두 정부는 자발적으로 행동했고, 또한 자신들이 서구 진영에 소속되어 있는 이상 모스크바와의 긴장이 점점 고조되는 이 시기에 더이상 공산당원 장관을 둘 수 없다는 점을 이들 정부가 이해하고 있었다는 것이다. 여기서 내정간섭은 어떻게 보면 불필요한 것으로 드러났다. 내정간섭을 받았을 당사자들이 이미 미국의 보호정책의 영향을 스스로 내재화하고 있었기 때문이다. 1970년대 말에 이탈리아는 '역사적 화해' 전략에 따라 민주-기독교 당원과 공산주의 당원들이 연합하여 정부를 세우려 하고 있었다. 특히 본(Bonn)은 로마에게 만약 이 사안이 구체화될 경우 이탈리아는 더이상 서구 무역 상대국들과의 재정적 연대의 혜택을 입을 수 없게 될 것이라는 사실을 통보했다. 1981년 프랑수아 미테랑이 공화국 대통령으로 선출되고 난 뒤 미국의 레이건 정부는 노골적으로 공산주의자들이 프랑스 정부에 참여하는 것을 불안해했다. 이에 미테랑 대통령은 부시 부통령을 영접하면서 그것이 프랑스의 동맹국들을 잘 무마시키기 위한 것이라고 그에게 설명할 줄도 알았다!

모든 공동체, 모든 클럽은 회원들간에 간섭을 야기한다. 누구나 다른 회원들이 그들의 임무를 잘 완수하고 있는지 확인할 권리가 있다고 느끼기 때문이다. 우두머리는 모두가 노선을 지키고 있는지를 감시한다. 소련의 지휘하에 있는 사회주의 진영에서도 마찬가지다. 사회주의 공동체의 형제국들 사이에 체결된 모든 우호 조약과 협력 조약, 원조 협약에 나타나 있는 한 조항에 따르면, '(……) 각국 민중의 영웅적인 노력과 노동과 희생에 의해 획득한 사회주의적 성과들을 유지, 강화, 보존하는 것은 사회주의 국가들의 공동 의무이다 (……).' 1968년 '인간의 얼굴을 한 사회주의' 속에서 방황하던 체코슬로바키아에 진군해 들어간 것을 정당화한 브레즈네프(Brezhnev)의 독트린이나, 1980년부터 1981년에 걸쳐 '연대자유노조(*Solidarnosc*)'에 의해 체제가 전복된 폴란드에게 했던 우애 어린 경고가 바로 그러한 경우들이다.

동서가 대치하고 있던 시기에 게임의 기본 규칙들 중의 하나는 다른 진영의 문제에 개입하지 않는다는 것이었다. 1940년대 말 스탈린(Stalin)이 그리스 공산주의자들을 버린 것과 마찬가지로 서방세계는 1956년의 헝가리, 1968년의 체코슬로바키아, 1981년의 폴란드를 위해 어떤 행동도 하지 않았다. 그렇지만 소련은 용의주도하게 서구 공산당을 이용하기도 하고, 유럽 중거리 핵미사일 위기 때(1979~1983) 미국제 신형 미사일 설치에 반대하는 서구 유럽의 평화주의자들을 조정하려고도 했다. 1970년대 말에 출범한 유럽 안전보장 협력회의(CSCE: Conférence sur la sécurité et la coopération en Europe)의 활동과 더불어 서구는 인권 향상이 사회주의체제를 붕괴시키는 데에 기여할 수 있다는 사실을 발견했다. 간단히 말해서 내정간섭과 내정불간섭 사이에는 너무나 많은 회색지대가 있으며, 가능한 균형의 형태 또한 너무나 많다!

그러나 모든 내정간섭을 결국은 역관계(강자가 약자에게 자신의 의지를 강요하는 것)에 포함시키는 이러한 구도가 국제연합의 내정간섭(캄보디아, 소말리아에 대한 등등)에도 적용될 수 있는가? 또한 절박한 의무감과 고통을 줄이고 인명을 구하겠다는 관심만으로 이루어지는 인도주의적인 활동에도 적용될 수 있는가? 국제연합은 세계 평화를 책임지고 있으며, 안전보장이사회가 필요하다고 판단되는 상황이면 무력을 사용할 수도 있는 국제적인 공동체 기구로 분석될 수 있다(국제연합헌장, 제VII장 42항). 내정간섭은 어떤 대가를 치르더라도 보호되어야 할 상위의 이익을 지켜주는 파수꾼인 어떤 공동체 — 이는 확실히 불분명하고 유동적인 개념이다 — 의 활동으로 규정된다. 또 인도주의적 활동은 어떤가? 국가들이 주도하는 인도주의적 활동은 그들의 국익과 늘 결부되어 있다(이 책의 3장 참조). 국가 차원이 아닌 민간조직들이 주도하는 인도주의적 활동은 국가에 대한 충성과 국경을 초월하여 모든 인간들의 상호부조와 우애에 호소하는 반(半)은 현실적이고 반(半)은 가상적인 공동체의 표현이다.

내정간섭, 힘의 행위인가, 무력(無力)한 행위인가?

우선 보기에 내정간섭 행위는 힘의 표현이다. 어떤 내정간섭들은 단지 힘을 과시하는 데에 불과한 것으로 보이기도 한다(정복자가 자신의 의지를 피정복자에게 강요하는 경우). 하지만 대개의 경우 힘은 순수하지 않으며, 그것을 초월하여 권리로 변형시키려는 정당화와 잘 분리되지 않는다. 신성동맹이 왕정체제를 확립시켰을 때, 혹은 바르샤바 조약이 사회주의체제를 확립시켰을 때, 이 사건들은 힘과 진리가 과연 어디에 있는지를 가르쳐준다. 이와 마찬가지로 유럽 열강이 식민지를 확장하고 비유럽 민족에게 신탁통치를 강요했을 때, 그들이 발휘한 힘은 총의 힘일 뿐만 아니라 진실의 힘이었다. 말하자면 유럽은 반(反)계몽주의와 의고주의(擬古主義)에 맞서 이성과 진보를 구현한 것이다. 내정간섭은 무력(군사력이든 그외 다른 것이든)의 우위와 사상의 우월성을 내포한다. 내정간섭을 하는 자는 자신이 인류

를 위한 어떤 사명을 띠고 있다고 느끼거나 그렇게 믿는다
(기독교, 신수권에 기초한 왕정, 인권, 사회주의 등). 자신의
이익을 위해서든 중요한 가치가 문제시되어서든, 확신이 없
다면 누군가에게 무엇인가를 강요할 수가 있겠는가? 내정
간섭은, 설사 거기에 견유주의적인 측면이 섞여 있다 할지
라도 그 주체의 양심과 오만함과 순진함을 전제한다. 즉 내
정간섭은 타자(l'Autre)에게 결핍된 것을 타자에게 부과할
의무가 있고 또 강요할 수 있다.

그러나 힘과 무력함은 대개 동전의 양면에 불과하다. 따
라서 신성동맹은 신수권에 기초한 왕정이 유럽에서 더이상
자명한 것으로 여겨지지 않는다는 두려움의 결과이고 수단
이다. 또한 아주 새로운 또 다른 정당성의 원칙인 민족자결
권은 대혁명시 그리고 제정하에서 그 격렬함을 십분 드러내
면서 앙시앵 레짐을 해체시켰고, 이로 인해 서로 끊임없이
전쟁을 일삼던 왕들은 서로 결집하여 새로운 사상에 맞서
치안 유지를 도모할 수밖에 없었다. 영토 확장주의에 빠져
있던 19세기의 유럽은 무력으로 세계를 개방시키면서(중국
과의 아편전쟁, 도쿄 만에서 미해군 제독 페리(Perry)가 벌
인 양동(陽動) 작전 등) 교역의 자유를 강요하였고 이로부터
무시무시한 복수의 씨앗들이 뿌려졌다. 20세기에 들어서서
는 서방세계의 수제자인 일본이 '백색' 대국인 러시아를 붕

괴시켰고, 중국은 영토 분할의 치욕과 토지 양도를 결코 잊지 않고 있다가 외국인 혐오증을 드러냈으며 급기야 모택동 시대에 이르러 거의 완벽한 쇄국정책을 펼치게 되었다.

동부 유럽에 대한 바르샤바 조약의 적용은 모스크바가 실시한 인민민주주의체제의 비합법성을 폭로했다. 사회주의체제가 스스로를 유지하기 위해 소련이라는 맏형과 그의 군대를 필요로 한다면 그것은 어떤 가치를 갖는 일인가? 이와 마찬가지로 1960년대 이후 쿠바에 공산주의정부가 수립됨으로써 미국이 카리브 지역이나 중부 아메리카(1965에는 산토-도밍고, 1983년에는 그라나다, 1989년에는 파나마)를 공격한 것은 더이상 반박의 여지없이 이 지역이 미국의 뒤뜰이 아님을 나타낸다.

20세기 말 현재 국제연합이나 국제통화기금(IMF)을 통한 국제사회의 내정간섭은, 국제사회가 안전보장이사회의 강대국들과 국제적인 테크노크라트들의 지시를 받는 외부 명령의 전달자로 여겨짐에 따라, 이러한 공동체의 발전과 그것의 극단적인 불안정성을 동시에 드러내고 있다. 어떤 질서가 '자연스러운' 것이 될 때―그러나 다행스럽게도 인간의 자유라는 측면에서 보면 어떤 질서도 '자연스럽지' 않다―그 질서는 행위자들에게 내재화되고 강제수단이란 최후의 보증을 나타내는 것에 불과하게 된다. 이러한 강제

수단의 실행은 모든 질서가 불완전하며 다양한 상황과 해석 속에서 흔들리고 있음을 상기시킨다. 국제질서 속에서 내정간섭은 이 질서가 외적인 것으로 체험되는 만큼 더욱 더 명백하게 드러난다. 한편에서 보면 좋은 것으로, 합리적이고 책임감 있는 것으로 간주되는 것이 다른 쪽에서 보면 독립의 침해로, 위반으로 체험된다.

내정간섭, 역동적인 관계

내정간섭은 폭넓은 반향을 불러일으킨다. 그 한 극단에 내정간섭을 원하고 또 강력히 요청하는 경우가 있다. 역사상 많은 피보호국가들이 있어왔다. 내정간섭이, 이러한 보호가 없다면 일소될 특권층과 엘리트들의 권력을 확보해주는 만큼 이들은 보호에 매우 만족한다. 게다가 내부의 요청(집권 정부, 반란군들, 소수의 피억압자들 등)에 의해 정당화되거나 초래된 내정간섭 또한 얼마나 많은가! 또 다른 극단에서는 내정간섭이 반항과 저항을 촉발시키면서 거부당하기도 한다. 점령자에 대한 증오는 분열된 민중의 내분을 심화시키는 데도, 결집시키는 데도 가장 적합한, 인간이 갖는 가장 지속적인 감정들 중의 하나이다.

현실 속에는 복잡하게 뒤얽힌, 모순적인 특수상황들만

이 존재한다. 모든 내정간섭은 주어진 생생한 현실 속에서 작동한다. 내정간섭은 다른 요소들의 대립을 일깨우거나 부추기는 내적 요소들에 의거한다. 외국 점령—대대적인 내정간섭—의 충격이 잘 증명해주듯이 내정간섭은, 특히 그것이 지속되는 경우 관련 사회와 환경에 대해 긴장과 내분의 폭로자 혹은 증폭기로서 작용한다. 이런 상황에서 협조를 통해 행운을 노리거나 복수를 꾀하는 사람들이 있는가 하면 저항을 통해 호기를 잡거나 전망을 찾으려는 사람들도 있다. 대부분의 사람들은 살아남으려고 애쓴다. 내정간섭은 요청되는 동시에 거부되고, 칭송되는 동시에 비난받으며 가능하면서도 유일한 치유책인 동시에 가장 용인할 수 없는 침략으로 분석된다.

모든 내정간섭은 시간 속에서 전개된다. 시간을 다투는, 하나의 명백한 목표(특히 천재지변으로 타격을 받은 주민을 원조하는 것)에 국한되어 전문가들에 의해 기술적으로 진행되는 단기간의 내정간섭은 순수하고 깨끗하게 외상을 치료하는 것일 수 있다. 그러나 시간은 모든 것을 변형시키고 왜곡시킨다. 1992년에서 1994년에 걸쳐 이루어진 소말리아의 환멸이 환기시키듯, 외부로부터 온 자—여기서는 '희망회복운동'의 국제연합군—는 처음에는 구원자이고 시혜자로서 열렬한 환호 속에 맞아들여졌다. 그리고 곧이어 점령자, 사람들이 미워하고 야유하며 속이고 총을 겨누는 대상이 되어버린다(설령 이것이 떠날 수 없는 사람들을 그곳에 버려두고 점령자 자신은 곧 다시 떠나게 되어 있다는 이유 때문이라고 할지라도).

내정간섭을 하는 자는 지도자로서 왔지만 곧 그가 떠나는 것을 두려워하는 사람들과 그것을 바라는 사람들 사이에서 언쟁을 일으키는 쟁점으로 변한다. 분명 그는 힘을 지니고 있고 때로는 권리도 있다(특히 그가 대표하는 공동체의 권한). 그리하여 그는 대개 사람들에게 두려움을 준다. 이 외국인에게 복종하면서 그를 조정하고, 아첨하면서 경멸하며, 굽신거리는 동시에 배척하는(전자는 후자와 혼동되며 그 반대의 경우도 마찬가지이다) 것은 그를 염탐하는 나라나 사회에서 다 비슷한 상황이다.

그렇다. 내정간섭을 하는 자는 그 지역의 일에 말려들지 않기 위해 거리를 취한다. 그는 자칫하면 사람들에게 이용만 당할 위험이 있다. 베트남전쟁시 자신들의 생활방식을 그대로 열대지방에 옮겨놓고(적어도 논과 정글에서의 전투에 단련되지 않은 사람들), 남베트남의 정치적 술책에서 거의 헤어나지 못한 미국인들이 바로 그런 경우이다. 내정간섭을 하는 자가 그 지역에 연루되어 정치참여를 하는 경우 그는 완전히 그 일에 빠져서 그곳에 틀어박히게 되며,

강 저편에 남아 있는 동료들에게 타락하고 매수당한 것처럼 보인다. 이것은 정복자(페르시아에서 자신의 군사들을 원주민 여성과 결혼시킴으로써 충격을 주었던 알렉산드르가 그러했고, 이집트에서 클레오파트라를 통해 왕권의 신비에 매혹되어 로마에서 그 왕권을 복권시키려 한다는 의심을 받아 암살당한 케사르가 그러했다)와 식민 지배자(모로코의 리오테(Lyautey))가 빠지는 영원한 유혹이다. 내정간섭은 그 목표에 도달하기 위해 내정간섭을 하는 자에게, 통치하러 혹은 보살피러 온 사람들과 동화될 것을 요구하는가?

내정간섭을 하는 자의 의도가 어떤 것이든(원조, 영향력의 행사, 지배), 또는 그 자신과 내정간섭의 대상이 된 자 사이의 거리—특히 문화적인 거리—가 가깝든 멀든, 모든 내정간섭 상황은 다양하고 미묘한 차이가 있기는 하지만 동일한 역학을 가지고 있다. 내정간섭을 하는 자는 지치면서 자기 임무의 의의를 상실하게 되고, 그곳 사람들이 자기를 받아들이게 하기 위하여 차츰차츰 비싼 대가(엄청난 노력, 피, 돈)를 치르게 된다. 그러다가 결국 그는 짐을 싸든가, 그가 원하거나 그렇게 할 수 있다면 그곳에 동화되어야 한다는 것을 납득한다. 모든 내정간섭은 서정적인 환상, 즉 진리를 보여준다는 확신을 가지고 출발하지만, 이어서 그것은 다음과 같은 두 개의 질문을 던지면서 공포로, 관료주의로, 고통으로 격하된다. 무슨 명분으로 계속해서 남아 있을 것인가? 어떻게 떠날 것인가? 내정간섭을 받는 자로 말하자면 그는 복종하고 배우고 정리하고 적응하고 자기를 보호하다가, 때가 되기만 하면 반발하고 내정간섭하는 자를 밖으로 몰아낸다. 이 과정은 내정간섭을 하는 자가 자신이 더이상 지도자일 수 없다는 것을 이해하고 떠나는 것을 감수할 경우에는 좀더 평화롭게 진행될 수 있다(인도에서 영국이 그러했고, 동부 유럽에서 소련이 그러했다).

최소한 구체적인 정치적 목표를 갖지는 않으려고 하는 인도주의적인 내정간섭은 이러한 딜레마에서 벗어날 수 있는가? 히틀러의 강제수용소 앞에서 국제적십자사가 지킨 침묵에서부터 유고슬라비아의 혼란에 이르기까지 인도주의적인 행동도 정치적 여건을 벗어나지는 못한다. 인도주의적 행동 역시 여러 주요 적대세력들(희생자들, 그 지역의 권력기관들, 게릴라군, 매체, 출자자들 등) 사이에서 하나의 쟁점이 된다. 응급요원들 — 의사, 운송업자 등 — 은 한 국가를 대표하는 것은 아니지만, 그들에 대한 기대를 구체화시킨다. 그는 가능한 대변인이고 잠재적인 인질이다. 그들이 어느 한 진영의 편에 선 것처럼 보인다면 그들은 어떤 신념을 지닌 투사가 되며 또 그렇게 취급되리라고 기대할 것이다(1960년대 말, 비아프라에서 중립을 거부한, 다시 말해 비아프라인들의 비참함에 대해 침묵하기를 거부한 프랑스 의사들이 그 경우이다). 반대로 만약 그들이 적십자사처럼 혼란에 휘말려들지 않는다는 원칙을 가지고 있다면, 그들은 위험한 제약들 속에 갇혀 있어야 한다(집권 세력— 가령 죄수에게 접근하려 할 때 그들을 감시하는 수용소 간수 같은 사람들—의 동의를 얻어서만 개입할 수 있다).

내정간섭을 하는 자가 자기 활동 영역의 경계가 모호하다는 사실을 절감하고, 희생자 또는 최소한 희생자를 둘러싸고 있는 모든 사람들이 배후조종자에 불과하다면 모든 내정간섭은, 아무리 희생적인 것이라 할지라도 무의미해지거나 실패할 수밖에 없는 것인가? 성공한 내정간섭은 언급이 되지 않든가 성공한 것으로 여겨지지 않는다. 제2차세계대전이 끝나면서 두 패전국, 독일(그때 분단되었다)과 일본은 신탁통치를 받게 된다. 그들은 더이상 주권을 갖지 못하고 승전국들의 손아귀에서 일개 자료에 불과한 것이 되었다. 이 두 국가(독일의 경우, 서독)는 미국의 지휘하에 재건하여 민주국가가 되었고 국제사회에 재편입했다. 1950년 일본에 파견된 미국의 총사령관 맥아더 장군은 군중의 환호 속에 동경을 떠났다. 독일은 1990년대에도 여전히 미국의 가장 충실한 동맹국으로 남아 있다. 대대적이고 전면적인 내정간섭이 성공한 사례는 많이 있다. 하지만 이러한 성공은 다음과 같은 명백한 조건들과 분리되지 않는다. 즉 독일과 일본은 파괴되어 승리자에게 자신을 내맡기는 것 외에 다른 선택을 할 수 없었다는 것과, 두 나라 다 '경제 기적'을 이루어내어 경제적으로 상당히 번창하게 되었다는 것이 그 조건들이다.

이와 마찬가지로 인도주의적인 운동 또한 현실 속에 포함된다. 이 운동의 성공 여부는 아마도 그것의 고유한 성격(참가자들의 능력, 재정 수단, 기술, 지원 체제 등)뿐만 아니라, 그 활동을 둘러싸고 있으면서 진행 상황을 규정짓는 주어진 여건에 달려 있다고 할 수 있을 것이다.

내정간섭의 악순환

두 사람 사이의 아주 사소한 언쟁도 간섭을 초래한다. 어떤 사람들은 편을 들거나 훈수를 두고, 선의나 악의에 찬 또 다른 사람들은 상황을 진정시키려고 하며, 어떤 해결책을 제시하거나 심지어 강요할 수 있는 자격이 자신에게 부여되었다고 생각하는 사람들도 있다. 이 그룹들 중 어떤 것도 하나의 진영을 구성하지는 않는다. 다시 말해 안정된 조직을 가지고 있지 않다는 말이다. 마찬가지로 모든 위기,

분쟁은 내정간섭을 야기한다. 친구들, 인척, 적, 심지어는 구체적인 이해관계가 없는 사람들조차 서로 참견하며 그렇게 할 근거가 있다고 느낀다. 따라서 모든 내란에서 군대나 돈, 정치적 지지를 추구하는 교전국들의 요청에 따라, 또한 원칙을 수호하려는 의도(스페인 내전시 파시스트들이 민족주의 봉기에 합류하자 공화주의자들을 원조하기 위해 구성된 다국적 자원병이 이 경우에 속한다)에서부터 오랫동안 노리던 먹이를 얻으려는 의도(레바논을 보호령으로 만들기 위해 레바논의 분열을 이용한 하페즈 아사드(Hafez El Assad) 대통령의 시리아)에 이르기까지 어느 정도는 자연발생적인 동기들에 의해 내정간섭은 야기되며 다반사로 행해진다.

모든 내정간섭은 다른 내정간섭들을 연달아 발생시키며 그것을 정당화한다. 유럽의 평화시기에 강대국의 개입은 다른 국가들의 개입을 초래하였고, 이들 국가들은 정당한 자기 몫의 영향을 얻어내지 못할까 봐 전전긍긍했다. 동서 진영이 대치하던 시기에도 초강대국들 중의 하나가 제3세계의 대립에 개입하자 이는 불가피하게 다른 나라의 개입을 야기했다. 1960년대 미국의 베트남전이 내정간섭의 이러한 악순환을 잘 보여준다. 프랑스의 통치가 막바지에 이르렀을 때부터 남베트남을 주시하던 미국은 공산주의의 전복 위기가 고조되는 사태에 직면한 베트남 정부로부터 요청을 받게 된다. 사이공의 장군들이 역부족을 느끼고 있었으므로 이러한 요청은 실질적인 것이기도 했지만, 워싱턴이 소련이라는 막강한 조직의 우두머리가 이끄는 공산주의에 대항한 전지구적 차원의 십자군에 참여하고 있다고 여기고 있었으므로 이 요청은 모종의 압력에 의해 이루어진 것이기도 했다. 베트남은 하나이며 하나의 권력(물론 하노이(Hanoï)의 권력을 말한다)하에 통합되어야 한다고 여기는 북베트남이 보기에 미국의 개입은 베트남 내정에 대한 용납할 수 없는 내정간섭이었다. 한편 격렬한 반미투쟁을 벌인 북베트남은 한순간도 주저하지 않고 주전론의 '사악한' 지도자들과 평화적인 '선한' 국민을 대립시키는 선전을 통해 미국 내에 압력을 가했다. 북베트남의 담화문은 지속적인 분쟁으로 혼란을 겪고 있는 여론에 호소하고, 징병되어 논바닥에서 죽게 될 위험에 처해 있는 젊은이들을 감동시킬 만큼 큰 반향을 불러일으켰다. 하노이는 심지어 미국의 유명인사들(특히 여배우 제인 폰다)로 하여금 그의 입장을 지지하는 발언을 하도록 유도하는 데 성공하기도 했다.

위기와 알력이 발생한 이후부터는 내부와 외부 사이의 일시적인 경계가 사라지게 된다. 제1차세계대전 때는 교전국들이 다른 진영의 교전국들에게 영향을 미치려는 시도를 거의 하지 않았다. 왜 그랬을까? 무엇보다도 기술적인 수단에 한계가 있었다. 라디오— 제2차세계대전 때 여론을 조작하는 데에 있어서 라디오는 중심 역할을 했다—는 1930년대부터 대중에게 보급되었다. 다음으로 피로 물든 두 진영의 선악 이원론은 그들에게 어떤 대가라도 치르게 할 수 있는 의미를 부여하면서 타자를, 적군을 악으로 파악하게 했다. 사람들은 악과 대화하지 않는 법이다. 마지막으로 민족주의가 너무나 강한 호소력을 가지고 있어서 어느 나라나 자신의 명분이 절대적으로 옳다는 확신에 갇혀 있었다. 그런데도 독일의 수뇌부가 황제 치하의 러시아의 붕괴를 앞당기기 위하여 '봉인' 열차로 레닌의 복귀를 획책한 반면, 영국, 프랑스, 화친 협약은 합스부르크 왕가에 민족주의 주장을 내세우도록 부추겼다. 제2차세계대전중에는 국가간의 대립과 내전이 불거져 나오면서 사태가 복잡하게 뒤엉킨다. 1930년대 전반에 걸쳐 사회적, 이데올로기적 증오의 심화와, 혁명이 성취되는 '바로 그날(grand soir)'에 대한 두려움 혹은 기대로 인해 온갖 종류의 내정간섭이 촉발되었다. 소련은 공산당들을 스탈린의 발치에 두고 그의 급격한 노선 전환을 따르게 했으며, 파시스트 정권하의 이탈리아는 민주주의국가들의 극우운동을 재정적으로 지원했다. 또한 히틀러 치하의 독일은 유럽 국가들간의 화해라는 명목으로 인접 국가들에 우호의 조직망을 구축했다. 그중의 상당수가 차후 대독 협력의 매개자가 된 것이다. 프랑스와 영국이 독일의 정치적 책동에 거의 관여하지 않은 것은 반나치 인사들의 요청으로 그 국가들을 무시하거나 그들의 활동에 대해 회의적인 태도를 취했기 때문이다. 일단 유럽이 독일에 의해 점령당하자 점령자가 직접 통치를 하든가 '민족' 정부를 방패막이로 이용하면서 내정간섭이 더욱 혼란상을 띠게 되었다. 연합국은 민족적 저항운동에 잠입하여 그들의 이데올로기적 분열(가령 공산주의자들과 비공산주의자들 사이의 분열, 또한 프랑스의 드골파와 반드골파 사이의 분열)을 이용하면서 이런저런 활동을 도왔다. 이와 동시에 내정간섭을 하고 조작을 일삼던 국가는 자신이 조작을 당하거나 최소한 그렇게 될 위험에 처한다. 프랑스를 점령한 독일 당국이 대독협력정책에 동조하는 정당들의 사소한 대립에 휘말려 있는 동안, 저항세력들은 앞다투어 연합국으로부터 특혜를 얻어내려 했다.

국력의 쇠퇴와 국가의 위기는 언제나 일련의 내정간섭을, 그리고 그에 대한 거부를 야기하게 마련이다. 내정간섭을 요청하는 국가는 처음에는 물질적인 이유(재정 수단, 무기 등의 보조를 추구)로 그렇게 하지만 대개 정치적인 동기가 첨가된다. 즉 외부세계에 대한 호소는 통상 민심을 얻지 못한 정책들에 대한 책임을 외부 세계에 전가하는 것을 목표로 삼는다. 이러한 관점에서 볼 때 국제기구들은 편리한, 매질하는 할아버지들(péres fouettards)[3]이다. 따라서 빚을 진 국가들의 재정확립안을 마련하는 국제통화기금은 어느 정도 집권세력에 등을 돌린 대중의 분노를 자아낸다. 외부의 간섭을 규탄하고 그에 맞서 싸우는 자는 자신을 자본주의적 제국주의, 혹은 무국적 테크노크라트에 대항하는 국가 독립의 옹호자로 내세운다. 그러나 종속에 반대하는 국가는 대개 또 다른 종속 상황에 빠지게 마련이다(1950년대부터 1970년대까지 비동맹주의의 황금기에 제3세계 국가들은 서구에 대항하여 궐기하였으나 소련의 손아귀로 넘어갔고, 그 반대현상도 일어났다).

내정간섭의 권리 혹은 의무

그러므로 내정간섭은 사회적 삶에 고유한 것이다. 내정간섭은 도식적으로 강자와 약자를 대치시키는, 복잡하고 생생한 상호작용으로서만 파악될 수 있다. 강자는 우위(물리적·정신적)를, 특히 내정간섭의 의무뿐만 아니라 그 권리

3) 산타클로스 할아버지를 따라다니며 나쁜 아이들을 벌준다고 함 — 옮긴이 주.

를 요구하고, 약자는 자신을 열등하다고 느끼면서 또한 그런 사실을 반박한다. 한편 곧바로 강자는 중요한 난관에 부딪히게 된다. 내정간섭은 강제적이며 따라서 거부를 야기하기 때문이다. 약자는 요구하고 자신의 상황을 감내하지만, 곧이어서 반발하고 대개 강자에게 무기를 겨누게 된다. 다른 관점에서 내정간섭의 이러한 상호작용은 불안정한 상황을 이끌어냄으로써 점차적으로 분명한 입장 표명을 가능하게 하면서 다른 간섭들을 작동시킨다.

내정불간섭의 원칙, 혹은 규정은 어떤 명백한 권력에 '대항하여' 세워진 가건물과 같은 것으로서, 형성중이거나 이미 존재하는 현실로부터 자신의 힘을 끌어낸다. 중세와 근대 초에 프랑스와 영국에서는 민족의식이 최초로 표명되면서 왕의 정당성과 권력이 확대되고 교권에 대항하는 절대왕권이 확립되었다. 제2차세계대전이 끝난 후 다른 국가들의 내정에 간섭하지 않는다는 것을 주요 원칙들 중의 하나로 채택한 국제연합체제는 미국과 소련이 유럽 열강과 그들이 세운 식민지 제국을 견제하기 위해 구상한 것이었다. 식민지 해방과 함께 내정불간섭은 — 적어도 수사적으로는 — 식민지에서 해방된 나라들이 서구와 그 수장인 미국에 대항하는 무기들 중의 하나가 되었다. 1960년대에 드골 정부의 프랑스가 독립을 요청하였을 때 그 목표는 다음과 같이 규정되었다. 미국의 보호에 대항하는 방어영역에 있어 독립성(다시 말해 내정불간섭)을 보장할 것. 그래도 프랑스는 여전히 대서양동맹에 가입해 있었으며 같은 시기에, 물론 프랑스의 동의하에, 제도화된 내정간섭을 포함하여 자기 권한의 일부를 공동화하는 역사적 과정에 참여했다. 그것이 곧 유럽의 구축(la construction européenne)이다. 내정불간섭은 결코 그 자체로 하나의 원칙이 아니다. 그것은 반드시 명백한 상황과 연관되어 있다. 관계자— 개인, 기업, 국가— 는 누구나, 내정불간섭이 외부로부터 온 모든 것에 대하여 굳게 닫힌 금지구역을 요구하는 이상, 절대적이고 완전한 독립이 불가능하다는 것을, 아니면 최소한 죽은 형식이 되고 만다는 것을 알고 있다. 소련이 쇄국으로 인해 무력해지는 이같은 경우의 완벽한 예를 보여주었다. 게다가 이러한 쇄국이 기어코 틈을 보이게 된다는 사실(가령 전파나 영상을 통해 은밀히 포착됨으로써)도 확인해주었다. 내정불간섭은 상대적이다. 혹은 계속해서 상대적인 것으로 되어가는 추세에 있다. 그것은 어떤 관계 속에서만 성립된다.

내정간섭의 권리 혹은 의무는 이러한 문제의식에서 출발할 때에만 사유될 수 있다. 하나의 동일한 전체(가정, 마을, 국가, 국가들로 조직된 공동체) 속에서 남의 일에 간섭하고 개입하는 것은 당연한 일이다. 그것이 얼마나 합법적인가의 문제는 제기되지도 않는다. 그렇지만 내정간섭도 그러한가? 그렇지 않다. 아주 단순하게 이 전체의 구성원 중의 하나가 이런저런 행동을 내정간섭으로 느끼기 시작하기만 하면 합법성이 문제 된다(가령 한 제국의 국민이 자의식을 갖거나 되찾게 되거나, 또한 오랫동안 그들에게 '자연스러웠던' 보호를 정치적, 법률적으로 거부하기에 이르는 경우를 말한다). 두 중심 국가들 중의 하나가 혹은 둘다가 개입을 내정간섭으로 느끼기 시작하는 이상, 내정간섭은 언제나 어느 정도 — 심지어 수락된 것일 때조차 — 불법침입, 불평등의 징표, 수입되어 환경에 영향을 미치는 외적 요인(원조, 지원, 압력 등)이다. 모든 내정간섭은 그에 대한 반발을 초래한다. '내정간섭권'의 선언은 1980년대와 1990년대의 전환기에 얼마나 많은 실패를 거듭하였는가!

"내정간섭. 자국의 경우와 다른 나라들의 경우. 전세계의 상호공조 시대. 이것이 미래의 진보상이다. 따라서 정치도 그러하다. 내정간섭은 무엇보다도 저곳에서는 발전의 기회이고 이곳에서는 꿈을 이룰 기회이다. 그것은 연대의 현대적인 형태이다. 또한 견유주의와 자기자신에 맞서 싸우는 전투이며, 모든 유토피아를 매장했다고 믿은 이 세대의 유토피아이다."[4] 비결로서 제시되는 내정간섭의 권리 혹은 의무는 또 하나의 새로운 커다란 환상이다. 왜냐하면 구호 대상자가 된 수혜자는 신랄해지거나 반항을 하게 되며, 내정간섭의 주동자는 처음의 열정이 식고 나면 곧바로 이해 받지 못하는 사람들이 느끼는 고통을 맛보게 될 것이기 때문이다.

4) Bernard Kouchner, *Le Monde*, 1996. 8., pp.25-26.

2

1945년 이후 국제체제 내에서
이루어진 내정불간섭과 내정간섭

"현행 헌장의 어떤 조항도 연합국이 본질적으로 한 국가의 국가적 권한에 속하는 일에 개입하는 것을 허용치 않으며, 회원국들이 이런 종류의 일을 현행 헌장의 조항에 정해진 해결방식을 따르도록 강제하지 않는다. 그렇지만 이 원칙은 VII장에 규정된 강제조치들[1]의 적용에 전혀 영향을 미치지 못한다." 바로 이것이 내정불간섭에 관한 핵심조항이다.

이와 동시에 국제연합은 민족들의, 아니면 최소한 국가들의 단체이다(1996년 현재 185개국). 국제연합헌장의 몇몇 조(특히 2조와 4조 1항)는 이 국가들이 공동의 규칙과 가치를 가지고 있음을 약정하고 있다. 즉 그들의 절대적 평

---

[1] 국제연합헌장, 2조 7항.

등을 상호 존중해야 하며 분쟁을 평화적으로 해결해야 한다는 것, 또한 위협이나 무력 사용을 자제해야 한다는 것 등이다. 이런 관점에서 국제연합은 특히 '삶의 수준의 향상, 완전 고용'을 위해 노력함으로써, 또한 '만인의 인권과 기본적인 자유가 종족이나 성, 언어, 종교를 막론하고 보편적이고 효과적으로 지켜지게 함으로써, 전세계의 지속적인 평화가 이루어질 수 있는 조건들이 마련될 수 있도록 촉구하는 임무를 띠고 있다.'[2]

내정불간섭과 내정간섭의 관계의 관점에서 볼 때, 서로 별개의 것이지만 결국은 연관되는 다음과 같은 두 개의 질문은 어디서 비롯되는 것일까? 내정불간섭과 평화 유지 사이에서 어떻게 균형을 잡을 수 있는가? 내정불간섭을 요구하는 국가들의 지고한 평등과 바로 이 국내 영역과 관련된 원칙들(특히 인권)의 장려 사이에 어떤 타협이 가능한가?

내정불간섭의 논리적 귀결

국제연합헌장의 내정불간섭 원칙은 주권의 필연적 귀결로서 1945년에 제시되었다. 미국과 소련뿐 아니라 영국과 프랑스(그 당시에도 여전히 식민제국을 유지하고 있었다)에

2) 국제연합헌장, 55조 a)와 c)항.

서도 내정불간섭은 사실상 불평등한 해석을 야기했는데, 이는 이러한 명칭에 합당한 강국들(물론 바로 위의 국가들)만이 내정불간섭을 전적으로 요구할 수 있기 때문이다. 반면 다른 국가들은 명목상으로는 독립적일지라도(가령, 미국에 대해 라틴아메리카 대부분의 국가들,3) 소련에 대해 동유럽) 완전히 자립적이지 못하며 그들 보호자의 간섭을 피할 수 없다. 조지 오웰(George Orwell)의 표현대로 몇몇 국가들이 나머지 다른 국가들에 비해 그들끼리 더 평등한 것이다.

식민지 해방은 내정불간섭의 원칙에 근본적으로 새로운 역사적 반향을 가져왔다. 대개의 경우 외부 작용에 민감하게 반응하게 마련인 100여 개의 신생독립국들에게 이 원칙은 강자에 대해 약자가 취할 수 있는 최고의 방어책, 국가 간 민주주의에 대한 제일의 표명이 돼주었다. 물론 내정간섭을 격렬하게 고발하는 국가들도 자국에서는 그것을 받아들인다. 사실은 결코 내정간섭 그 자체를 거부하는 것이 아니다. 어느 정도, 그것도 '상황이 허용할 경우' 거부될 수

---

3) 라틴아메리카의 국가들은 국제연합을 설립한 샌프란시스코에서 개최된 회의(1945)에 참가하였다. 양차 대전 사이에 그들은 몬테비데오(Montevideo) 성명을 통해 내정불간섭 원칙에 대한 승인을 얻었고 이로써 미국의 반복적인 무례한 개입을 저지하고자 하였다. 미국은 먼로(Monroe)주의를 선포하고 난 후 유럽으로부터의 간섭에 대해 아메리카 대륙의 보호자 역할을 자처하고 있었다.

있는 것은 역사의 동향에 의해 불필요하고 성가신 것이 되었거나 불법이 된 특정의 내정간섭이다. 전(前) 식민지배자의 내정간섭(독립 알제리에서의 프랑스), 성가신 기업들의 내정간섭(가령 1950년대부터 1970년대까지 산유국들에 세워진 석유회사들), 연이어 행사되면서 지나치게 구속하는 초강대국들의 내정간섭(1970년대 사다트(Sadate)의 이집트는 소련이라는 대부에게서 벗어나면서 미국의 손아귀로 떨어졌다)이 그런 경우들이다. 1960년대 가장 자존심이 강한 국가로서 독립을 주장해 모스크바와 사이가 나빠진 엠베르 호자(Enver Hojda)의 공산국 알바니아는 어쨌든 중국과 손잡았다가 결국 그와도 결별했다. 대개의 경우 내정간섭은 없어지는 것이 아니라 다른 것으로 대체되거나 조작된다.

1960년대와 1970년대에 걸쳐 분리독립을 열렬히 주장한 제3세계 국가들에 의해 주도된 국제연합총회는 이 국가들의 주권을 보장해줄 수 있는 결의안들을 다수 채택하면서 모든 내정간섭에 대해 적대적인 태도를 보였다. 그리하여 1965년 12월 21일, 찬성 109, 반대 0, 기권 1로 2131(XX) 결의안, 즉 '제3세계 국가들에 대한 내정간섭 불가와 이 국가들의 독립과 주권보호 선언'이 채택되었다. "어떤 국가도 직접적이든 간접적이든, 그리고 이유가 무엇이든 다른 국가의 내외 정치에 간섭할 수 있는 권한을 가지지 못한다. 따라서 무력 개입뿐만 아니라 온갖 형태의 내정간섭 혹은 한 국가의 인격이나 그 나라의 정치적, 경제적, 문화적 요소들에 가해지는 모든 위협은 처벌된다."

특히 총회가 끊임없이 재확인한 이러한 수사(修辭)를 넘어 내정간섭은 '인정적인 간섭(l'intervention d'humanité)'과 같은 중요한 사안에서도 국제연합의 합의에 의해 수락되지 않는다. 이 개념은 위험에 처한 민중을 돕기 위해서든 (1860년, 마론 교도들을 원조하기 위한 프랑스의 레바논 원정이 이 경우에 해당한다), 재외 자국민을 돕기 위해서든 (1900년, 북경에서 의화단원들(Boxers)[4]에 의해 괴롭힘을 당하고 있던 자국 거류민들을 유럽 열강들이 구조한 경우) 한 국가(또는 국가들의 동맹)가 다른 국가의 영토에서 실시하는 모든 군사활동을 다 포괄한다.

제3세계 국가들에게 있어서는 인도주의적 개입도 식민지주의적인 것일 수밖에 없는 듯하다.

1970년 10월 24일, '국가간 우호관계에 관한 선언'인 2625(XXV) 결의안에 의해, '민족과 신앙 또는 인종의 구분 없이 한 영토에 속하는 국민 전체를 대표하는 정부를 갖추고 위에서 선언된 국민 자결권의 원칙과 권리의 평등 원칙

---

4) 중국의 배타적 비밀결사의 구성원. 1900년에 난을 일으켰음 — 옮긴이 주.

에 따르는 모든 주권 독립 국가에 대한' 간섭이 금지되었다. 이 문건은 위의 조건들을 충족시키지 않는 국가들에 대한 간섭은 정당화하고 있는 것인가? 이 문제가 제기될 수 있는 유일한 국가는 공식적으로 인종차별('분리 개발(développement séparé)'의 원칙)주의에 의해 다스려지는, 인종차별정책(apartheid)의 남아프리카 공화국이다. 제3세계 국가들이, 만약 그렇게 할 수 있는 수단이 있다면, 식민지 해방과 억압받는 국민들의 연대라는 명목으로 남아프리카 공화국에 대한 무력 행사를 적극 권장할 수는 있다. 하지만 이 문제가 이런 식으로 논의된 적은 없다. 그보다는 제3세계 국가들뿐만 아니라 무력개입에 결코 동의한 적이 없던 서방국가들도 가세함으로써 차츰 더욱 '현실적인' 방안이 수립되었다. 1970년대 말부터 남아프리카 공화국은 점점 더 철저하게 고립되었고 그리하여 1990년대 초 아파르트헤이트는 무너지기에 이른다.

 1970년대에 남반구 국가들이 취한 다음과 같은 세 가지 군사행동은 인도주의적인 내정간섭으로 정당화될 수 있을 것이다. 먼저 1971년 인도와 파키스탄 간의 전쟁을 들 수 있다. 이때 파키스탄은 동파키스탄 자치주의자들의 승리를 참작하려 하지 않고 야만적인 억압을 펼쳤으며, 인도(망명자들이 휩쓸고 있던)는 파키스탄에 대해 무력을 행사함으로써 방글라데시의 독립을 후원했다. 다음으로 1979년 1월에 있었던 베트남군의 캄보디아 입성을 들 수 있다. 이로써 크메르 루주의 살인적인 유토피아가 종식되었다. 마지막으로 1979년 탄자니아의 군사개입에 이은 우간다의 독재자 아민 다다(Amin Dada)의 사퇴를 들 수 있다. 이 세 경우 중에서 인도만이 인도주의적 내정간섭 논쟁이 발생하는 시기를 예상했던 것 같다. 결국 인도뿐만 아니라 베트남과 탄자니아도 자신들의 행동을 정당방위로 정당화했다. 이 세 국가는 이웃 국가의 침공에 단지 대응만 했다는 것이다. 1979년 캄보디아의 비극에 관해 연합국 중의 어떤 나라도 인도주의적 내정간섭의 개념을 내세우지 않았다. 베트남의 동맹국들인 소비에트 진영의 국가들만 크메르 루주가 오로지 캄보디아인들에 의해 강제로 쫓겨났다고 주장했으며, 제3세계 국가들과 서방국가들은 모두 다 베트남의 군사행동을 불법으로 간주했다.

과거 강권 외교의 기억에 늘 사로잡혀 있는 국제연합의 총의는 본국에 의한 재외국민의 구조활동에 대해서도 적대적이다. 이러한 예는 적지 않은데, 모두 다는 아니더라도 적어도 거의 대부분이 재외 자국민을 도우러 온 서방이나 그 주변 국가들의 군사행동이었다.

1976년에 실시된 엔테베(Entebbé) 시(우간다)의 성공적인 기습이 바로 그런 경우이다. 이를 통해 이스라엘 특공대는 팔레스타인 테러분자들(이들은 우간다 정부가 베푸는 호의의 득을 보았다)에 의해 항로를 이탈했던 에어 프랑스의 비행기를 구출했다. 안전보장이사회 회의에서 미국과 영국의 지지를 받은 이스라엘은 국제법이 모든 국가가 재외 자국민을 보호하기 위해, 해당 국가가 이러한 보호를 보장해줄 의지나 역량을 가지고 있지 않을 때, 무력을 사용할 수 있는 권한을 인정하고 있다는 사실을 강조했다. 반면 프랑스와 이탈리아, 일본은 논의의 소지가 있다고 생각하였고, 소련과 그 동맹국들, 그리고 제3세계 국가들은 이스라엘이 우간다를 공격한 데 대해 비난을 퍼부었다.

1980년, 미국은 이란 정부에 의해 인질로 잡혀있던 미국 외교관들을 구출하기 위해 이란에 대해 공수작전5)을 개시했다. 카터 대통령은 이 행동을 인도주의적 개입으로 정당시하였고, 국제연합의 미국 대표도 정당방위권을 강조했다. 즉 모든 국가는 위험에 처한 국민을 구하기 위해 무력을 사용할 수 있다는 것이다. 서방국가들은 그들의 위대한 동맹국에 대해 너그러운 태도를 보였지만, 소련과 중국은 물론이고 워싱턴의 충실한 피보호자인 사우디아라비아 등

---

5) 모두가 알다시피 타바스의 작전은 완벽한 실패로 끝났다.

몇몇 국가들은 이 작전을 비난했다. 당시 미국이 직접 테헤란의 인질들에 관한 기록을 제소했던 국제사법재판소(CIJ: Cour internationale de justice)는 이 사안이 자기 소관이 아니었기 때문에 미국이 실시한 작전의 적법성에 대해 아무런 표명도 하지 않았다. 그러나 다만 그러한 행동이 국제관계에서 재판절차의 준수를 무너뜨릴 수 있다는 점은 지적했다.

1989년 마약밀매로 고소된 파나마의 실력자, 노리에가(Noriega) 장군을 체포하기 위해 조직된 미국의 저스트 코즈(Juste cause) 작전은 특히 이 국가에 있는 재외 자국민을 보호한다는 명분에 의해 정당화되었다. 이 사건은 특히 라틴-아메리카 국가들로부터 격렬한 항의를 불러일으켰는데 이들은 아메리카 국가기구(Organisation des Etats américains)의 한 결의안에서 파나마 주권 침해를 규탄했다.

내정불간섭의 원칙은 일종의 정치적 무기이자 쟁점인 만큼 국제적인 법질서의 한 구성요소가 된다. 제3세계 국가들에게 있어서 이 원칙은 삼중의 기능을 수행할 수 있다. 즉 예전의 식민열강들의 압력에 대치하는 것(실제로는 때로 그것을 수락한다 할지라도), 초강대국들의 영향력을 억제하는 것, 마지막으로 때로는 폭발하거나 분열될 소지를 안고 있는 그들 내부의 긴장에 대해 외부가 갖는 모든 통제권을 차단함으로써 탈식민, 해방의 과정을 집중하는 것이 그것이다. 식민지 지배자들이 그어놓은 경계선을 가진 이 국가들에게 있어서 그들의 합법성을 확립시키는 영토의 범위는 신성한 것이다.

이런 조건 속에서 1990년대 초에 이루어진, 쿠르드 족을 돕기 위한 이란에서의 활동과 기근과 무질서를 종식시키기 위한 소말리아에서의 활동은 인도주의적 내정간섭이 (의식적 혹은 무의식적으로?) 다시 등장한 것으로 보아야 하는가 아니면 내정간섭의 권리라는 아주 새로운 개념의 탄생을 예고하는 것인가?

주권의 요구

국제법의 시조로 여겨지는 위고 드 그루(Hugo de Groot), 혹은 그로티우스(Grotius, 1583~1645)에게서 국가의 최고 권력이란 '어떤 다른 상위의 권력으로부터도 독립되어 있고 어떤 다른 인간의 의지에 의해서도 소멸될 수 없는 행동 권한'[6]이다. 팔마(Palmes) 섬 혹은 팔마스(Palmas)

---

6) De jure belli ac pacis(1625), in Nguyen Quoc Dinh, Patric Diallier, Alain Pellet, *Droit international public*, Paris, LGDJ, 1987, p.48에서 재인용.

에서 내린 막스 후버(Max Huber)의 유명한 판결(국제중재 재판소, 1928년 4월 4일)은 다음과 같이 규정하고 있다. "국가들간의 관계에서 주권은 독립을 의미한다. 지구의 다른 부분에 대한 상대적 독립이란 다른 모든 국가를 배제하고 국가의 기능을 수행할 수 있는 권리이다." 그렇다면 주권은 한 국가가 자체 내에서 원하는 모든 것을 할 수 있는 권리인가? 국가는 스스로 모든 것을 해결할 수 있는 고립된 요새인가?

무엇보다도 역사적으로 국가의 형성이 증명하듯이 주권은 이중의 과정을 거쳐야만 존재한다. 독일의 철학자 막스 베버의 표현을 따르면 '합법적인 폭력을 독점'한 권력이 이룩한 내적 통합과 다른 국가들로부터의 승인이 그것이다. 이때 승인하는 나라 쪽에서 보면 승인이란, 한 국가를, 국민을 모집할 수 있는 한 영토의 주인이고 법률상의 의무조항을 포함하여 정상적인 관계를 맺을 수 있는 파트너로 인정한다는 것을 의미한다. 따라서 영원히 서로에 대한 평가를 연동시키는 국가들의 모임이 존재하게 된다.

1964년 드골 장군은 중국과 프랑스 사이에 외교적 관계가 확립되었음을 선포하면서 다음과 같이 선언했다. "15년 전부터 거의 중국 전체가 법을 집행하는 한 정부 아래 집결되어, 국외적으로 절대적이고도 독립적인 하나의 권력체로서의 위상을 갖추었기 때문에 프랑스는 중국과 합법적인 관계를 맺기로 한다"(1월 31일 기자회견).[7] 이 문건에는 중국의 내적·외적 상황에 대한 평가, 총평이 들어 있다. 즉 공산주의국가 중국은 승인할 만하다는 것이다. 한 국가를 승인하거나 승인치 않는다는 것은, 어느 정도로는 그 국가가 존립하도록 돕거나 반대로 그것의 완전한 실재를 거부한다는 것이므로 그 국가에 대해 압력을 가하는 것이 된다.

1988년 11월 15일 알제리에서 팔레스타인 해방기구는 팔레스타인 국가의 수립을 선언했다. 이에 대하여 프랑수아 미테랑 대통령은 다음과 같이 선언했다. "팔레스타인 국가에 대한 승인은 프랑스에게 어떤 원칙적인 문제도 제기하지 않는다. 프랑스는 알제리의 선언을 법적으로 확인하였고 팔레스타인인인들이 독립국가로 지정된 영토에서 살 권리가 있음을 인정한다. (……) 여기서 나는 법률적으로 분석을 할 수는 없다. 하지만 여러분도 아시다시피 우리나라는 국가에 대한 승인 판정에 있어서 한 영토와 국민에게 행사되는 독립적이고 책임 있는 권력의 존재를 내포하는 효율성의 원칙에 입각해 있다."[8] 주권은 포고되는 것이 아니라 기존의 기준들(제한된 영토, 국민, 그것들을 통제할

7) *L'Année politique* 1964, Paris, p.426.
8) *Libération*, 1988. 11. 23.

수 있는 권력)에 의해 확인되는 것이다. 기존의 국가들이 이러한 요소들이 갖추어졌는지 그렇지 않은지를 평가하며, 이런 평가에 기대어 승인을 하든지 하지 않든지 한다. 따라서 기존의 국가들은 그들이 보기에 국가적 실체가 있다 혹은 없다라고 말을 한다. 승인이 최초의 내정간섭이 되는 것은 아닐까?

국가의 주권은 단지 확인되기만 해서는 안된다. 여기서 주권과 소유권 사이에 평행선이 그어진다. 다시 말해 소유주는 자기 영토의 주인이지만 다음과 같은 격언에 부합해야 한다. sic utere tuo ut alienum non laedas, 즉 사용의 자유, 개발의 자유는 타자에게 해를 끼치는 바로 그 지점에서 멈춘다는 것이다. 이것이 주권과, 경우에 따라서는 내정간섭의 의무 혹은 권리의 정당화에 있어서 한계이거나 최소한의 구속이다. 타자에게 해를 끼쳐서는 안된다는 이 요구가 '문명 국가들이 인정한 일반적인 권리 규정 원칙들'(CIJ 정관의 38조 al. c)의 일부를 이루는 것으로 보인다. 1949년 「코르푸 해협」 판결(본문)(l'arrêt "Détroit de Corfou"(fond))에 따르면 모든 국가는 '다른 국가들의 권리에 상반되는 행위를 목표로 자국의 영토를 사용하게 내버려두어서는 안될 의무'가 있다. 국가는 국경 지역의 손실이 야기되는 영토에서부터, 만약 불상사가 야기되었음을 알고 있고 이에 필요한 조처를 취할 수 있는 능력이 있다면, 그에 대해 책임을 지지 않을 수 없다. 이런 관점에서 환경에 대한 스톡홀름의 국제연합 선언(1972)은 '국가는 자기 관할 범위 내에서 실현된 행위가 다른 국가의 환경이나 국가의 주권을 넘어서 있는 공간의 환경에 손실을 야기하지 않는다는 것을 확인할 책임이 있다'(원칙 21)고 규정했다. 마찬가지로 국가들은 난민의 이동을 야기해서도 안된다. 그러한 현상이 발생할 경우 국가들은 그에 대처하기 위해 서로 협조해야 한다. 20세기 말 현재 온갖 종류의 다양한 흐름들(이미지 상품, 아이디어 산업)이 폭발적으로 증대됨으로써 어떤 국가가 고립된다는 것은 거의 불가능하게 되었으며, 이와 동시에 주권 문제와 거기서 파생되는 책임 문제도 혼란스러워졌다. 이로 인해 국가들은 서로에 대해 일종의 감사권을 획득하려고 한다. 1986년, 바람을 타고 대량의 방사능 입자들을 대기에 유포시킨 체르노빌 사태에 위협을 느낀 모든 국가들이(범위가 넓고 유동적인, 경계가 불분명한 지역에 걸쳐 위험이 나타났다) 동유럽에 있는 원자력 발전소의 위험에 자신들이 연루되어 있다고 느끼지 않았는가?

자치령

국제법 연구소에 의하면(1954년 연보, vol. 45-II, p.292) '자치령은 국가의 권한이 국제법에 의해 구속받지 않는 국가의 활동영역이다. 이 영역의 범위는 국제법에 좌우되며 그것의 변화에 따라 달라진다. 자치령에 관한 문제에 있어서 국제조약은 조약의 당사자가 전술한 조약의 해석이나 적용과 관련된 모든 문제에서 자치령에 관한 이의신청의 가능성을 배제시킨다고 결론짓고 있다.' 자치령은 그러므로 국제법에 의해 승인된다. 그리하여 그것은 본래 국가가 결정한 협정뿐만 아니라 관습, 국가들로 구성된 국제사회가 만장일치로 받아들이고 승인한 규범(jus cogens, 만국 공용법)[9]이 변화함에 따라 얼마든지 달라질 수 있다.

자치령(Le domaine réservé)이 야기하는 중대한 문제는 바로 다음과 같은 것이다. 국내에서의 선택의 자유는 어디까지 확대될 수 있는가?(이러한 문제는 내적 선택의 자유란 무엇인가라는 또 다른 질문을 이끌어낸다) 앞에서 이미 언급했던 2625(XXV) 결의안에 의하면 '모든 국가는 정치적, 사회적, 경제적, 문화적 체제를 자유롭게 선택하고 발전시킬 수 있는 권리가 있다.' 1989년의 「니카라과 군사, 군대

9) 1969년 5월 23일 계약법에 관한 비엔나 협정(53조, 마지막 항).

활동」령 (l'arrêt "Activités militaires et paramilitaires au Nicaragua")에서 국제사법재판소는 다음의 내용을 상기시키고 있다. "한 국가가 특정한 법해석을 지지한다고 해서 관례적인 국제법을 위반하는 것은 아니다. 그렇지만 다른 결론을 내리는 것은 모든 국제법이 근거해 있는 국가들의 주권이라는 기본 원칙과 한 국가가 정치적, 사회적, 경제적, 문화적 체제를 선택할 수 있는 자유에서 그 의미를 박탈하는 것이 될 수도 있다." 이에 앞서 국제사법재판소는 다음 사항을 지적하고 있다. "본 재판소는 어떤 국가가 특정의 이데올로기나 특정 정치체제를 선택했다는 이유로 다른 국가가 그 국가에 개입할 수 있는 권리가 있음을 인정하는 새로운 규칙을 고안해낼 수는 없을 것이다. (……) 국가주권의 원칙은 그들 각자가 자유롭게 결정을 내릴 수 있게 하는 것이다. 정치적, 경제적, 문화적 체제의 선택과 대외관계의 표명도 이와 마찬가지이다. 자유로워야 할 이러한 선택에 대해 강제적인 방식을 사용할 때 간섭은 불법적인 것이 된다."

그렇지만 제2차세계대전 이후로 인권 존중에 대한 요구가 국가들의 내정에 점점 더 강화되는 추세에 있다. 1948년 12월 10일, 국제연합총회는 세계인권선언을 채택하였다.[10] 1966년 12월에는 동일한 회의에서 두 개의 국제 조약이 성립되었다. 하나는 민법과 정치법에 관한 것이고 다른 하나는 경제법, 사회법, 문화법에 관한 것이다. 각 조약은 독립적인 국제적 권력기관인 위원회를 갖추고 있다. 이 기관은 해당 국가들로부터 정기적인 보고를 받지만 그들에게 명령을 할 수 있는 권한은 조금도 없으며, 분쟁을 야기할 수 있는 문제들은 총회에 회부될 수 있다. 1990년대 말 현재 100개 이상의 국가들이, 다시 말해 국제연합에 가입한 국가들 중 반 이상이 이 조약에 동의했다.

인권에 관한 국제법은 더욱 광범위한 지역으로 확산되고 있다. 1990년대 들어 20개 이상의 협약이 성립되었고 140~150개에 달하는 법률이 만들어졌다. 종교적인 법령들 ―유럽(1950년, 인권과 기본적인 자유를 보호하는 유럽협약), 아메리카(1969, 아메리카 인권협정), 아프리카(1968, 인간과 민족에 관한 아프리카 권리헌장) ― 도 마련되었다. 그것들의 영향력과 효력이 고르지는 않지만(4장 참조) 이러한 협약들이 만들어진 것은 인권의 보편화를 예증해주는 것이다.

---

10) 이 선언은 찬성 48표, 반대 0표, 기권 8표로 가결되었다. 기권표는 공산주의 진영에 속하는 대부분의 국가들(소련, 벨로루시, 우크라이나, 폴란드, 체코슬로바키아, 불가리아)과 폐쇄적인 이슬람 국가(사우디아라비아), 그리고 유일한 공식적 인종차별주의 국가(남아프리카공화국)로부터 나온 것이다.

1968년 테헤란에서 인권에 관한 1차 세계회의가 개최되었다. 1993년 6월 비엔나에서 열린 2차 회의는 매우 폭넓은 반향을 불러일으켰다. 비록 이 회의에서 전혀 다른 두 개의 접근방식(도식적으로 말한다면 서구적인 것과 비서구적인 것)이 뚜렷하게 대립하긴 하였지만 인권이 앞으로 전 지구적인 반향을 불러일으키리라는 사실만큼은 분명히 확인했다.

인권 증진을 넘어 1980년대에서 1990년대에 걸친 대격변(라틴아메리카의 민주주의 회복, 소련 진영의 몰락, 아시아의 민주주의 확산, 마지막으로 아프리카 독재권력에 대한 비난)은 자치령의 핵심적인 요인인, 민족대표와 통치자 선발방식 그리고 선발과정의 문제를 국제적인 논의의 장으로 끌어내었다. 1950년대부터 1980년대까지, 대부분의 국가들이 탈식민지를 목표로 결집한 UN총회는 민족자결권에 특권을 부여했다. 중요한 것은 식민의 굴레를 벗어난 민족의 집단적인 표현이고 독립의 획득이다. "한 정부가 국민의 의지로 출범하여 국가로부터, 국가와 국민을 동일시하는 학설에 근거할 때 국가와 그것을 구성하는 국민으로부터 자격을 부여받은 유일한 수임자로 인정받는다는 사실은 그다지 중요하지 않다. 국가의 권력이 지닌 비민주적인 성격은 국제관계에서 그것의 대표성에 아무런 장애가 되지 않는다."[11] 1980년대 후반부터 개인의 권리에 더욱 관심을 가져온 총회의 결의안은 '국제적인 감시하에 치러지는 자유롭고 공정하고 민주적인 선거'(캄보디아와 관련된 1989년 11월 16일 결의안 44/22)와 민족자결을 결부시켰다. 아프가니스탄과 니카라과, 아이티 공화국, 앙골라 등에 대해서도 동일한 태도가 취해졌다. 대개 관련 국가들의 요청에 의해 이루어지는 국제적인 선거감시체제는 관행이 되었다(1992년 30, 1993년 19, 1994년 14 등). 1990년대 들어 자유선거권을 인정하는 문건들이 국제연합과 다른 기구들(특히 유럽 안전보장 협력회의, CSCE 혹은 헬싱키 협상, 민주주의를 유일한 정치체제로서 주창한 새로운 유럽을 위한 파리 헌장(1990. 11. 21)) 내부에서 더욱 증가한다. 그렇다면 이 권리는 CIJ 법령 제38조에 따라 '당위로 받아들여진 보편적인 실천'의 관례가 될 수 있는 것인가?

20세기 말, 현재 다원적 민주주의가 1980년대 이후 괄목할 만한 성장을 하기는 했지만 세계는 여전히 합법성에 대한 보편적인 원칙을 가지지 못하고 있다. 지구상에서 가장 인구가 많은 나라(세계 인구의 1/5)인 중국이 자유민주주의체제를 갖추었다고 말할 수는 없다. 한편 한 국가가 경

11) François Rigaux, "Impératif démocratique et droit international," *Le Trimestre du monde*, 1(17), 1992, p.46.

제적, 정치적 신뢰를 얻으려면 전국민(개인들뿐만 아니라 국가 기업과 외국회사들)의 안전을 보장하는 법과 절차, 제도들의 대중적인 정착과 같은 내적 기준들을 차츰차츰 충족시켜나가야만 한다. 오늘날 강대국이란 더이상 강압적인 권력에 근거해 있는 나라가 아니라 행동규칙들이 명료하고 안정된 나라이다.

내정불간섭과 평화의 유지

국제연합헌장의 2조 7항은 내정불간섭의 원칙을 인정하는 동시에 '이 원칙이 VII장에 마련된 강제 조처들의 적용에 어떤 영향도 미치지 못한다'고 정하고 있다. VII장에 의하면 국제연합의 안전보장이사회는 세계평화의 파수꾼이다. '평화에 대한 위협, 평화의 파괴, 침략 행위가 있다'[12]는 것을 확인하는 일이 안전보장이사회 소관이다. 일단 이를 확인하고 나면 안전보장이사회는 상당히 폭넓게 가능한 조처들, 즉 권고, 징계, 금지, 최종적으로 군사력의 동원 등의 조처를 취할 수 있는 재량권을 가지고 있다. "이러한 결정을 실행하는 데 필요한 조처들은 이사회의 판단에 따라 국제연합의 회원국 전체 혹은 그중의 일부가 참여, 실현한

12) 국제연합헌장(39조).

다"(48조 1항). 헌장을 만든 사람들의 견해에 의하면 이사회의 임무는 국가들간의 무력대치라는 전통적인 의미에서의 전쟁을 막거나 중지시키는 것이다. 실제로 이사회의 역할은 당시의 국제 여건에 의해 조정되며, VII장에 의거한 개입의 대부분은 전통적인 전쟁이 아니라 '본질적으로 한 국가의 국가 권한에 속하는 일'과 관련되어 있다.

안전보장이사회는 강대국들의 일종의 협의기구이다. 5개 상임회원국(미국, 러시아(1945년부터 1991년 12월까지는 소련), 중국, 영국, 프랑스)들은 그들이 반대하는 모든 결정을 저지할 수 있는 거부권을 가지고 있다. 동서가 대치하던 시기인 1950년대(한국전)부터 1980년대까지 안전보장이사회는 당시 세계 체제의 축을 이루던 두 주역, 미국과 소련이 동의할 때에만, 그리고 그들이 정한 한계 내에서만 어떤 분쟁에 대해 토의하고 강제 조처(VII장)를 가결시켰다(다른 세 상임회원국들이 갖는 무게는 훨씬 약했는데, 중국은 폐쇄적이었고 영국과 프랑스는 서구 진영에 속했다). 안전보장이사회라는 장치가 현재의 형태로 남아 있는 한 언제나 이와 같을 것이다. 가령 이사회가 티베트 관계 서류를 파기자판(破棄自判)하고 싶어할 경우 이사회는 단번에 중국의 거부권에 부딪히게 될 것이다. 더 일반적으로 말해서 자국의 중대한 이익과 연루되어 있는 공공연한 위기상황에서 국제적인 상급 결정기관을 신임하려고 하는 강대국이 있겠는가? 안전보장이사회가 이러한 최고 결정기관일 수 있겠지만, 1990년대 들어 이사회의 구성으로 볼 때 적어도 5개 상임회원국들에게 이사회가 최고 결정기관이 되지 못하리라는 사실은 확인할 수 있다.

VII장에 근거를 둔 안전보장이사회의 첫번째 결의안(1966년 12월 26일에 가결된 232 결의안)은 로디지아(Rhodésie)에 대한 경제적 제재를 결정한 것이었다. 소수 백인의 통치를 받고 있던 이 영국 식민지는 다수를 차지하는 흑인에게 권력을 쥐어줄 식민지 해방을 모면하기 위해 일방적으로 독립을 선언했다. 5개 상임회원국이 예외적으로 서로 의견일치를 봄에 따라 이 VII장의 활용이 가능했다. 서방국가들(미국, 영국, 프랑스뿐만 아니라 1971년까지 대만이 대표국이었던 중국까지)이 자신들 중의 한 국가에 대한 공공연한 도발을 수락할 수 없었던 반면, 소련만이 백인이 지배하는 로디지아의 식민주의를 비난할 수 있었을 뿐이다. 마찬가지로 안전보장이사회는 1977년 11월 4일 VII장에 근거를 두고 남아프리카공화국에 대해 무기판매금지를 결정하였다. 남아프리카공화국의 인종차별정책은 서양에서도 동양에서도 변호의 여지가 없는 것이었다. 이 두 경우가 '평화에 대한 위협'이 있다는 확신이 들 때 안전보장이사회가 발휘할 수 있는 자유재량권의 실례를 잘 보여주고 있다.

1990년 11월 29일 이라크의 사담 후세인(Saddam Hussein)이 쿠웨이트를 점령, 합병해버리자 후속 조치로 안전보장이사회는 678 결의안을 통해 '회원국들이 이러한 상황을 종식시키기 위해 무력 사용을 포함하여 필요한 모든 수단을 사용하는 것을 허용한다. (……)' 여기서 이러한 행위는 헌장의 구도와 일치하는 편이다. 다시 말해 세계 평화의 파수꾼인 안전보장이사회는 국제연합 회원국인 한 주권국가가 또 다른 회원국인 주권국가의 침공을 받는 것과 같이 국제법이 심각하게 위반되는 사태를 중지시키기 위해 필요한 모든 조치를 취할 수 있다. 이와 동시에 또한 얼마나 많은 모순이 존재하는가! 분명 대대적인 명백한 범죄가 강력한 대응을 부추긴다. 그러나 상임회원국들의 만장일치는 아주 특별한 상황이 발생할 경우에만 이루어진다. 가령 미국의 경우, 특히 석유 때문에 페르시아만은 그들에게 중요한 전략지대이므로 이 지역을 불안정하게 만드는 것은 직접적으로 미국의 지배력을 문제삼는 일이 된다. 또한 영국은 최대의 우호국과 확실하게 연대되어 있다. 프랑스는 그것이 서방국가들이 맺고 있는 연대를 테스트하는 중대한 사안이라는 것과 자신이 나쁜 동료로 손가락질당할 수는 없다는 사실을 잘 알고 있었다. 몹시 위급한 상황에 처해 있었던 소련의 경우 서방의 도움을 강력하게 필요로 하는 미하일 고르바초프(Makhail Gorbatchev) 대통령은 워싱턴에 거부의 뜻을 표명할 수 없는 형편이었다. 마지막으로 천안문 사태(1989년 봄)로 인해 전체주의에서 벗어나려고 하는 국가의 이미지가 심각하게 흐려진 중국은 페르시아만이 멀리 떨어져 있고 자국의 기본적인 이해관계의 범위 안에 놓여 있지 않는 만큼 중국이 문명화된 강대국으로 보이기를 바랐다.

후기 동서 구도에서 VII장에 근거를 둔 결정들은 대체로 주변적인 문제에 대한 강대국들간의 제한된 그리고 모호한 합의의 표현이다. 예를 들어 팬아메리카 항공과 항공수송연맹(UTA: Union des transports aériens) 항공기에 대한 습격을 조사하는 데 협력하기를 거부한 카다피 치하의 리비아에 가한 제재, 인도주의적 원조를 진행시키기 위해 취해진 소말리아에 대한 국제적인 군사적 개입(1992년 12월 3일의 794 결의안) 등이 그런 경우이다(이 책의 3장 참조).

내정불간섭과 내정간섭 사이의 균형이라는 관점에서 볼 때 전(前) 유고슬라비아의 비극에서부터 혁신은 이루어졌다. 이사회의 만장일치로 채택된 1993년 2월 22일 808 결의안에 의해 '1991년 이후로 전(前) 유고슬라비아 영토에서 자행된 국제 인권법에 대한 심각한 위반의 책임자들을 재판하기 위해 국제재판소가 창립'된 것이다. "독트린이 바라듯이 재판소의 창립으로 인해 다음과 같은 현대 국제법의 핵심적인 원칙이 첫머리에 놓일 수 있게 되었다. 인권법의 심각한 위반은 평화에 대한 위협 행위를 구성하며 헌장 제VII장의 요청에 의해 강제조처의 대상이 된다."13) 이런 상황에서 국내적인 것과 국제적인 것을 가르는 구분선은 어디에 놓이겠는가? 이 경계는 여전히 어떤 의미를 가지는가? 있다면 그 의미는 무엇인가?

국제질서는 여전히 국가들의 주권과 국내 문제에 대한 내정불간섭에 근거를 두고 있다. 이러한 법적 여건을 넘어서 국제연합의 합의에 따라 '모든 국가와 모든 국민에게 맞는 유일한 선거 절차 모델이나 유일한 정치체제란 존재하지 않으며, 정치체제와 선거절차는 역사적, 정치적, 문화적, 종교적 요인들에 의해 조건지어진다.14)' 그런데도 특히 인권보호를 고려할 때 국내와 국외 사이의 회색지대는, 새로운 것은 아무것도 없지만 끊임없이 확장되고 있는 듯하다. 이러한 관점에서 내정간섭은 비난받는 만큼이나 얼마

13) Pierre-Marie Martin, "La compétence de la compétence(à propos de l'arrêt Tadic, Tribunal pénal international, chambre d'appel, 2 octobre 1995)," *Recueil Dalloz Sirey,* 1996, p.160.
14) 1990년 12월 18일 국제연합총회의 41/151 결의안: 찬성 111표, 유럽공동체 국가들을 포함하여 반대 29표, 소련을 포함하여 기권 11표.

든지 정당화될 수도 있다.

한편으로 내정간섭은 문화들 그리고 여러 정치구조들 사이의 필수불가결한 가교일 수가 있다. 그리하여 하나의 공통된 세계 체제로 그것들을 접근시키는 데에 기여한다. 그러나 그럴 경우 누가 내정간섭권을 가지는가? 그것은 가장 발전한 나라들, 아니 차라리 그렇게 선언된 나라들의 독점권이 될 수 있는가? 내정간섭은 상호적이거나 대화로 이루어질 수 없는 일인가? 과연 그럴 수 있을까?

다른 한편, 문화적, 사회적, 정치적 차이란 좁혀질 수 없기 때문에, 또한 알먼드 헤르더(Allemand Herder, 1744~1803)의 민족정체성의 개념에 따르면 그 자체로 진정한 가치를 지니고 있기 때문에, 내정간섭은 용인될 수 없는 것일 뿐만 아니라 가소로운 것이 될 수가 있다. 하지만 내정간섭이 없다면 사회들 그리고 심지어 개인들조차 자기 안으로 잔뜩 움츠러든 폐쇄된 세계들에 불과하게 될 것이다.

내정간섭은 그 자체로는 좋은 것도 나쁜 것도 아니다. 그러나 아마도 '좋은' 내정간섭과 '나쁜' 내정간섭은 있을 것이다.

3

비정치적 내정간섭은 가능한가?

근대적 유형의 최초의 인도주의적 기구인 적십자사의 창립자, 스위스의 앙리 뒤낭(Henri Dunant, 1828~1910)이 보기에 이 분야에서의 활동은 '모든 사람들의 신뢰를 유지하기 위해 적대행위와, 언제나 가능한 정치적, 인종적, 종교적 혹은 철학적 차원의 논쟁에 가담하는 것을 삼갈 때'[1]에만 가능하다. 이 활동은 중립성을 요구한다. 차별적이지 않은 방식으로 모든 희생자들을 구조해야 하며('좋은 사망자도 나쁜 사망자도 없다', 베르나르 쿠슈네르), 정부의 정

---

[1] 국제적십자협회, 비엔나, 1965, IX 결의안.
Mario Bettati, *Le droit d'ingérence. Mutation de l'ordre international*, Paris, Odile Jacob, 1996, p.53.

책에 대한 어떤 입장 표명도 삼가야 한다. 여기에는 모종의 암묵적인 타협이 있어서, 정책적으로 인도주의적 활동 공간(어떤 희생자들이든)을 인정하고 그러한 활동이 이루어질 수 있게 해주어야 한다. 그 대신 인도주의적 행위는 정치 영역에 개입해서는 안된다. 간단히 말해 정치에 속하는 것은 정치에, 인도주의적 차원에 속하는 것은 인도주의적 활동에 맡겨두어야 한다.

20세기 말 현재, 내정간섭의 의무 혹은 권리라는 개념에 의해 이와 같은 문제의식이 다시 거론, 표명되고 있다. 적십자사에 대해 정치는, 더 정확히 말해 전쟁은 반드시 고려해야 할 현실을 구성하며, 인도주의적 활동은 무엇보다도 효율성에 대한 염려 때문에 그러한 현실을 인정할 수밖에 없다. 인도주의적 행위는 정치에 종속되지는 않더라도 최소한 그것을 따르게 되어 있다. 내정간섭권의 주창자들은 이러한 위계를 뒤바꿔놓으려고 한다. 그들에게는 정치를 넘어(도식적으로 말하면 국가들 위에) 인류공동체라는 더 상위의 차원이 존재한다. 인류 중의 일부가 위험에 처해 있을 때 희생자들에 대한 원조와 상부상조는 어떤 다른 원칙, 어떤 다른 관심사보다도 우선되어야 한다. 인류의 생존이 최소한 일시적으로라도 정치를 폐지시킬 수 있다는 것이다.

그렇다면 내정간섭과 정치 사이에는 어떤 관계가 있는가? 있다면 비정치적인 내정간섭이 있을 수 있는가? 이런 측면에서 볼 때 인도주의적 행위는 어떠한가? 이런 핵심적인 질문들은 관련자들, 즉 인도주의 협회, 국가들, 국제조직들에 따라 전혀 다른 방식으로 제기된다.

인도주의 협회들

적어도 제2차세계대전 때까지 준거가 되어온 인도주의 기구, 적십자사는 중립성에 입각해 있다. 모든 적십자사 대표는 다음과 같은 서약서에 서명한다. "나는 (……) 앞으로 내가 알게 되거나 다루게 될 일들에 대해 최대한 신중할 것과 (……) 이에 대해 직업상의 비밀을 지키듯 어떤 의무를 지고 있다고 생각할 것을 엄숙히 서약한다."

비극적인 사태는 제2차세계대전 때 발생했다. 적십자사는 많은 사절단을 통해서 여러 국민들(유태인, 보헤미아인 등)에게 예정된 잔인한 운명에 대해 잘 알고 있었다. 그런데도 몇몇 대표들이 단체 방문시 히틀러 치하에 있던 독일의 활동에 동참하였기 때문에 적십자사는 침묵을 지켰다. 제네바에 있는 적십자사의 자료실에는 강제수용에 대한 수많은 서류들이 쌓여갔다. 그런데도 어떤 정보도 새어나오지 않았다. 적십자사의 입론은 시간이 지나도 달라지지 않았다. 만약 적십자사가 목격한 것을 발설하고 널리 퍼뜨린다면 비난을 받게 된 국가들이 적십자사에 대해 문을 닫아 걸 테고, 적십자사는 희생자들에게 접근할 수 있는 모든 가능성을 박탈당할 것이기 때문이다. 더 포괄적으로 말해 의심하고 불신하는 모든 국가들이 적십자사와의 공조를 거부할 수밖에 없게 될 것이었다.

1960년대 말, 비아프라(Biafra)의 끔찍한 전쟁, 나이지리아에 의해 죽어가고 있는 민중의 기근이 '국경 없는 의사회 모임(MSF: Médecins sans frontiéres)' 결성의 원인이 되었다. 그 주창자들은 사르트르적 참여, 공산주의와 그 허위성에 대한 환멸(1968년 프라하의 봄에 이루어진 탄압)이 의식에 깊이 각인되어 있던 사람들이었다. MSF의 방식은 적십자사의 방식과는 정반대다. 이들은 국가망을 벗어나 그것을 무시하며, 필요하다면 불법적인 행동도 감행해야 한다('무국경주의(sans-frontiérisme)'). 또한 목격한 범죄를 널리 알리고 고발해야 하며 그에 대해 아무것도 감추어서는 안된다(매체를 이용한 대대적 광고).

따라서 두 개의 극단적인 태도가 상치된다. 하나는 국가에 대한 존중, 국가들간의 협의, 선의에 토대를 두는 것이고, 다른 하나는 그것들을 깨뜨리고 거기에 정면으로 맞서려는 태도이다. 그렇다면 어떤 지표들이 있는가?

　인도주의적 활동은 정치적 상황에 속한다. 히틀러 치하의 독일에 대한 적십자사의 조처와 관련하여 생각해볼 때, 적십자사는 '무엇보다도 자기자신의 희생물이다. 다시 말해 선의와 신뢰가 지배하는 세계에만 적용될 수 있는 자신의 원칙에 희생된 것이다.'[2] 달리 말해 나치 독일은 나폴레옹 3세의 프랑스가 아니다! 19세기 부르주아적 휴머니즘을 대표적으로 구현한 기구인 적십자사는 자신의 행동이 정말로 어디에 쓸모가 있는지 생각해보지도 않고 선을 행하는 사람이 갖는 단순하고도 오만한 의식을 보여준다. 1968년 5월 사태의 정신인 좌파주의로부터 배태된 무국경주의 역시, 레닌의 말을 빌리자면 자신의 소아병에 대해 잘 알고 있다. 모두 다, 즉시! 체 게바라가 소수의 게릴라군을 데리고 세계 혁명의 불을 붙이려는 꿈을 꾼 것처럼, 무국경주의는 긴급히 새로운 도덕을 가져오고 냉혹한 괴물인 국가를 파괴시킬 생각을 한다. 이상의 것으로부터 불확실한 효과를 지닌 고통스러운 일화들(소련군이 서구의 전복 주동자로 드러난 오고야르(Augoyard) 박사를 아프가니스탄에 억류한 사건 등)이 발생하였다.

2) Jean-Christophe Rufin, *L'aventure humanitaire*(Découvertes), Paris, Gallimard, 1994, p.72.

인도주의는 끊임없이 정치와 부딪치면서 또 정치와 타협한다. "목표에 도달하기 위해 인도주의 기구들은 결국 집권자들과 불가피하게 협상을 해야만 한다. 그렇지 않으면 어떤 활동도 불가능하다. 캄보디아에 대해 윌리엄 쇼크로스(William Shawcross)가 노골적으로 지적했던 것처럼, 보스니아 전쟁시 우리 모두가 보았던 것처럼, 경우에 따라서는 '희생자들을 살리기 위해 학대자를 먹여 살리는 일을 감수해야 한다.' 다른 곳에서는 더 빈번하게, 반드시 사형집행인 같은 자들은 아니더라도 힘을 가진 자들을 위해 더 세속적으로 세금이나 공제의 형태로 '통행권'을 따내야만 한다."[3] 개척자들의 서정적인 환상이 현실주의에 자리를 넘겨준다. 현실주의는 인도주의로부터 그것이 지닌 메시아적 아우라(aura)를 빼앗을 뿐만 아니라, 자신의 한계와 불확실성을 의식하는 모든 활동이 가질 수 있는 지고한 위엄을 인도주의에 부여한다.

무국경주의는 존속되기 위해 매체를 필요로 하는 반면 매체들은 그것을 함정에 빠뜨린다. 특히 1992년 소말리아의 비극이 입증하였듯이, 인도주의는 매체를 통해 사태를 고발함으로써 여론을 모으고 감동을 불러일으켜 필요한 돈

---

3) Rony Brauman, *L'action humanitaire*(Dominos), Paris, Flammarion, coll, 1995, pp.96-97.

을 모금한다. 그럴 경우 사람들의 감성이란 텔레비전 방송에 따라 빨리 식상해버리거나 다른 드라마로 눈을 돌려버리게 마련이므로 신속하게 가시적인 결과를 얻어내야 한다. 게다가 이미지가 있으면 정치적 목표가 있게 마련이다. 다시 말해 문제시된 권력은 스스로를 지키고 조작하고 속임수를 쓴다는 것이다. 무엇이든 이득(위신, 혹은 더욱 분명한 이익)을 추구하는 제3의 국가들은 게임을 하기 시작하는데, 그들의 간섭은 평화의 배달꾼이 되고자 하지만 곧 와해되어버리고 만다(소말리아에서의 '희망회복'운동이 바로 그러한 경우다). 결국 매체를 타지 않은 사건, 고통은 존재하지 않는 것이다. 앙골라, 에티오피아, 리베리아 그리고 소말리아도 마찬가지다!

인도주의활동이 정치를 대체할 수는 없다. 인도주의는 긴박한 상황, 즉 '생존'과 관련되어 있으며 고통, 기아, 혹한, 질병 등 '기본적인' 장애에 대처한다. 정치는 명백히 다음과 같은 문제와 연관되어 있다. 정치권력의 토대는 비축된 식량의 통제와 관리가 아닌가? 그렇지만 정치 또한 무엇보다도 사람들 사이의 관계와 관련되어 있다. 그리하여 정치는 구조들과, 집단(부족, 제국, 도시, 국가 등)의 범위 내에서 이 관계들을 조직하는 규정들을 다룬다. 인도주의와 정치는 분명 서로 확연히 구분되는 두 차원에 속한다.

국제공간 내에서 정치는 여전히 국가들에 기반을 두고 있다. 국가는 영토와 국민(국민은 반드시 발언권을 갖는 것은 아니다)에 기초한, 제도적이고 조직화된 합법적인 정치의 소재지이다. 인도주의 활동이 갖는 정당성은 인간 공동체에 근거를 두고 있다. 그것은 적어도 정치적으로는 훨씬 덜 강제적인 기준이다. 인도주의는 설령 그 자체의 도덕이 있다 하더라도 아주 부분적으로만 자기 나름의 권리를 가지며, 마음대로 힘을 사용하지 못한다.

인도주의가 가장 염려하는 것은 그것의 특수성, 정치로부터의 자율성을 지키는 일일 것이다. 적십자사와 무국경주의의 상반되는 방식이 잘 보여주듯이, 완벽한 해답, 어떤 부작용도 없는 공식이란 존재하지 않는다. 매번 도덕적 요구와 효율성의 요청 사이에서 언제나 만족스럽지 않은 타협책을 세워야 한다.

인도주의 기구들의 활동은 대개 실제 상황에서는 겹쳐 있게 마련인 두 가지 한계에 부딪힐 수 있다.

첫번째 한계는 외부적, 정치적, 물질적인 차원의 것으로서 이러한 기구들에게 부과된다. 그것은 이 기구들이 활동해야 할 영토에 대한 권력체, 즉 국가의 단호한 대항의 문제이다. 그럴 때에는 짐을 싸서 떠날 수밖에 없다. 그러나 문제의 권력인 국가에 대해 발언을 하고 탄핵해야 할 것인가? 여기서 그 기구가 스스로를 어떻게 이해하고 있는가에 따라 많은 문제들이 달리 제기될 수 있다. 만약 기구의 임무가 무엇보다도 원조하는 것이라면 침묵해서라도 금지된 영토에서 활동할 기회를 온전히 지켜야 하지 않겠는가?

두번째 한계는 내적, 도덕적 차원의 것이다. 물러나 희생자들을 포기하고, 단순히 회피하는 것이든 아니면 폭로하는 것이든 책임 권력을 비난하는 것이 더 바람직한 그러한 상황이 있을 수 있는가? 이론상으로 대답은 분명하다. 활동이 학대자, 사형집행인을 도와주는 것이 된다면 당연히 그 활동은 중단되어야 하는 것이다. 원칙은 아름답다. 그러나 현실은 그보다 훨씬 더 뒤틀려 있다. 제2차세계대전이 벌어지는 동안 적십자사는 나치 치하 독일과의 모든 협력을 거부했어야 하는가? 이 거부로 인해 적십자사는 독일 점령하에 들어간 전유럽과 단절하였고, 적십자사가 구축하여 수많은 유태인을 구해냈던 공조체제는 와해되고 말았다.[4] 아마도 그리 되었을 것이다. 하지만 적십자사만큼 권위 있는 기구의 거부는 독일의 기만에 단호한 일격을 가했을 것이다. 모든 것은 분명하다. 당시 모든 정보 수단들

4) 이자벨 비시니악(Isabelle Vichniac), "미국의 비밀정보기관에 따르면 제2차세계대전중 국제적십자사에는 나치가 침투하였을 가능성이 있다." ≪르몽드≫, 1996. 9. 10.

(신문, 라디오, 영화)은 민주주의체제이든 전체주의체제이든 국가의 통제하에 있었다. 특히 미국 정부는 유럽 유태인들의 비극을 잘 알고 있었다. 그러나 국민들은 전쟁과 일상의 제약에 사로잡혀 있었다. 1940년대의 여론은 매체의 폭발적인 발달로 인해 세계에서 벌어지는 사건들을 즉시 알수 있는 1990년대의 여론과는 달랐다. 결국 독일과의 공조에 대한 적십자사의 공공연한 거부는 일종의 정치행위가될 수 있었다. 한편 적십자사는 스위스라는 한 국가와 연결되어 있다. 따라서 스위스가 신중한 중립정책이 아닌 다른정책을 채택하고 독일군의 침략과 점령의 위험을 감수했을가능성도 있을 수 있다.

국가

20세기 말 현재 서구 민주주의국가들의 경향들 중의 하나는 현실주의적이고 냉소적인 오랜 외교적 수완을 인도주의 활동으로 대체하는 것이다. 세인트 루이스의 기독교 정책에서부터 국제연맹(Socitét des Nations)의 윌슨 정책에 이르기까지 이러한 경향은 항상 되살아나는 꿈의 화신일 뿐이다. 그 꿈은 정치를 윤리로 대체하는 것이다. 1991년 베르나르 쿠슈네르가 '국가 인도주의'라는 공식 문구를 제시한 바 있다. 그것은 '국가들이 원조법을 구성하여 법전화한 것으로 (……) 이로부터 오늘날 국가들의 책임하에 일종의 국제적 윤리의식에 근거를 둔 내정간섭권이 출현하게 되었다. 프랑스 대통령이 말했던 것처럼, 이후로 '내정불간섭은 구조의무 위반(non-assistance)이 시작되는 곳에서 멈춘다.'[5] 이와 마찬가지로 1990년대 클린턴 대통령의 외교정책도 일종의 '사회사업(oeuvre sociale)'[6]과 같은 것이 되고자 한다.

이러한 도덕적 경향은 최소한 두 가지 질문을 제기한다. 드골 장군의 표현에 의하면 '친구는 없고 오직 이득만 있을 뿐'인 냉혹한 괴물, 국가가 정말로 자신의 이득과 무관한 행동을 할 수 있는가? 더욱이 설령 이것이 우연히 가능한 경우가 있어 국가가 자신의 이득은 잊는다 하더라도 자국의 영토와 국민의 안전, 번영을 보장한다는 국시(國是)를 배반할 수는 없지 않은가? 국가란 땅에 뿌리를 두고 일정 수의 사람들을 지도하는 혹은 책임지는 정치적 실체로서, 한 국가의 사소한 약점 앞에서 다른 국가들, 특히 인접 국가들이 즉시 사욕과 야망을 드러낸다는 이유로만 보더라도 국가가 이러한 현실을 배제한다는 것은 있을 수 없는 일이

---

5) ≪르몽드≫, 1991. 4. 30.
6) Michael Mandelbaum, "Foreign Policy as Social Work," *Foreign Affairs*, 75(1), 1996. 1-2, pp.16-32.

다. 따라서 국가는 언제나 정치를 한다. 설령 그렇게 생각하지 않을 때라도…….

국가에게 있어서 인도주의적 간섭과 정치적 행동은 분리되지 않는다. 지도자들의 의도가 무엇이든 항상 정치가 우선이고 인도주의는 그 다음일 수밖에 없다. 1990년대 전반부에 벌어진 세 비극이 그것을 확인해준다. 이라크의 쿠르드 족, 소말리아, 르완다 사태가 그것이다.

이라크의 쿠르드 족

1991년 이라크의 쿠르드 족 사건은 안전보장이사회가 1991년 4월 5일에 채택한 그 유명한 688 결의안과 함께 내정간섭권을 창시한 것으로 소개된다.

쿠르드 족의 문제는 제1차세계대전과 터키 제국의 분할 이후로 중동의 골치 아픈 난제들 중의 하나가 되고 있다. 이 제국의 운명을—원칙적으로—조정한 세브르(Sèvres) 조약(1920년 10월 10일)은 터키 영토를 분할하여 쿠르디스탄 자치를 계획한 바 있다. 그러자 무스타파 케말 아타튀르크(Mustafa Kemal Atatürk)가 등장, 1918년의 정복자들에 대항하여 무력으로 진짜 터키 국가를 인정하게 했다. 이후 로잔느 조약(1923년 11월 23일)이 세브르 조약을 대체하고 이 조약에 의해 쿠르디스탄은 매장되어버린다. 이러한 대파란을 겪은 이후로 쿠르드 족의 문제는 항상 남게 되었다. 오늘날 쿠르드 족의 수는 터키에 1,300만, 이란에 600만, 이라크에 400만, 시리아에 100만 해서 거의 2,500만에 달한다. 4개국에 나뉘어 있는 쿠르드 족은 그들끼리도 심하게 분열되어 있다. 이같은 혼란과 쿠르드 족에 대한 반감으로 인해 제3자인 열강들만큼이나 쿠르드 족이 거주하고 있는 국가들도 여러 가지 책략을 구사하게 된다.

1990년 8월, 북부에서 강철같은 힘으로 자국의 쿠르디스탄을 장악하고 있던 이라크의 사담 후세인이 쿠웨이트를 침공했다. 이 지역의 현상 유지를 맡고 있던 미국은 곧 이라크와의 전쟁을 계획했다.

1991년 2월 15일 이라크가 미국의 대대적인 포격을 받고 있는 동안 쿠웨이트를 해방시키기 위해 지상 공격을 준비하던 부시 대통령은 이라크 국민에게 사담 후세인의 전복을 호소했다.[7] 미국의 집행부 수뇌의 관심은 분명했다. 그것은 가능한 한 미국의 손실을 줄이고 베트남전의 경우

---

7) 로렌스 프리드먼(Lawrence Freedman)과 데이비드 보렌(David Boren)의 자세한 설명 참조("Safe havens for Kurds in post-war Iraq," in Nigel Rodley(ed.); *To loose the Bands of Wickedness, Inter- national Intervention in Defence of Human Rights*, Londres, Brassey's, 1992, pp.43-92).

와 같은 곤경에 빠지지 않으려는 것이었다. 부시의 호소는 독재자의 엄중한 감시를 받던 이라크의 권력층에는 별다른 반향을 불러일으키지 못했고 이라크에 거주하는 쿠르드 족에게 희망을 일깨워주었다. 이들은 사담 후세인에게 거세게 반발했다. 걸프전에서 패하긴 했지만 집요하게 이라크의 지배자로 남아 있으려 한 후세인은 쿠르드 족에 대하여 가혹한 탄압을 시작했다.

4월 초, 그것은 엄청난 비극이 되었다. 매일 1,000명이 죽어나가고 40만 명이 터키로 피신하였으며, 100만 명 이상이 이란으로 넘어갔다(이들은 대체로 알려지지 않았다). 텔레비전은 이들의 실의와 고통에 빠진 모습들을 전파로 내보냈고 이것이 서구의 여론을 강력하게 움직였다.

이러한 극적 사태, 쿠웨이트 전과 이 사태와의 관계, 그 여파로 인해 안전보장이사회의 제소권(提訴權)이 발동되었다. 안전보장이사회는 1991년 4월 5일 내정간섭권을 창립한 것으로 여겨지는 그 유명한 688 결의안을 채택한다. 이 문건은 프랑스와 벨기에의 주도로 성사되었다(후에 영국과 미국이 합류). 그것은 서방세계의 제안이었다. 이 결의안은 소련과 서방 여러 국가들이 찬성함으로써 가결되었다. 그리고 반대 3표(당연히 제3세계 국가들인 쿠바, 예멘, 짐바브웨의 표이다), 기권 2표(중국, 인도)가 나왔다. 남아프리카공화국의 아주 특별한 경우를 제외하고 역사상 처음으로 안전보장이사회는 국내 인권 문제, 즉 '이라크의 여러 지역에서 발생한 이라크 민간인에 대한 탄압'을 '평화에 대한 위협'으로 '인정'했다.

이러한 인정에도 불구하고 얼마나 많은 모순과 한계가 있는지! 이 결의안은 VII장을 원용하지도 않았고 이 장이 예정한 행동들 중의 어떤 것도 명백하게 허용하지 않고 있다. 그것은 세번째 문단부터 국내 문제에 관한 내정불간섭의 원칙을 제시하는 2조, 7단락을 상기시킨다(분명 VII장의 조항들을 준수한다는 조건에서). 안전보장이사회는 탄압이 국제적인 영향력을 가지고 평화를 침해한다는 것을 강조하면서 '탄압에 깊은 관심'을 표명했다. 다시 말해 '탄압은 국경지대로 피난민들의 대규모 유입을 초래하고, 이를 통해 평화를 위협하는 국경지대의 침범을 야기했다. (……)' 마지막으로 지침은 다음과 같다. '1. 탄압을 단죄할 것.' '2. 이라크가 지체 없이 탄압을 중지하도록 요구할 것.' '3. 이라크가 인도주의 기구들의 입국을 즉시 허용하도록 요구할 것.' '4. 사무총장에게 이라크에서의 인도주의적 활동을 계속할 수 있도록 요청할 것.' '6. 모든 회원국들과 인도주의 기구들이 인도주의적 구호활동에 참여할 수 있도록 호소할 것.'

어쨌든 쿠르드 족에 대해 책임감을 느끼는 서방세계, 특히 미국에게 있어서 문제는 지정학적이면서 인도주의적인 것이고 또한 제한적이다. 문제는 터키로 몰리는 피난민들을 위해 무엇을 할 것인가 하는 것이었다. 터키는―특히 이라크 폭격시 터키는 이 지역에서 대단히 중요한 동맹국이었다―자기 영토에 이 불운한 자들을 받아들이려 하지 않았고 쿠르드 족의 자치 혹은 독립정부 수립에 단호히 반대하는 입장이었다(게다가 쿠르드 족의 영토 상황에 깊이 결부되어 있는 서구 역시 이를 원하지 않았다).

같은 시기, 즉 1991년 4월 초에 쿠웨이트 전쟁이 벌어지는 동안 거의 관여하지 못한 데에 실망한 유럽공동체는 관대하게 행동하고자 했다. 영국의 수상은 다음과 같은 제안을 내놓았다. 그것은 국제연합의 보호하에 이라크 북부에 쿠르드 족을 위한 '보호구역(zones de sécurité; safe havens)'을 만드는 것이었다. 유럽공동체는 이 의견을 채택했다. 특히 막다른 길에 다다른 내전에 미군을 파견하지 않으려고 고심하던 미국 대통령도 유럽의 구상에 동조했다. 'Provide Comfort' 운동이 개시되었다. 미국과 영국, 프랑스 군인의 보호 아래 '이라크 영토 내의' 난민수용지대는 쿠르드 족을 받아들일 수 있도록 시설을 갖추었다.

이라크 국민의 탄압으로 인해 제기된 인권문제를 담당

하기 위해, 688 결의안의 위임을 받은 국제연합 사무총장, 장비에 페레즈 드켈라르(Janvier Pérez de Cuellar)는 '동맹국들의 활동이 (윤리적 관점에서) 이해될 수만 있다면 안전보장이사회의 동의를 얻어낼 수 있을 것이라'고 생각했다. 그러나 소련과 중국의 거부권에 부딪히는 것을 두려워한 서방국가들은, 만약 소련과 중국이 새로운 결의안을 요구할 경우 차라리 688 결의안을 'Provide Comfort' 운동의 충분한 근거로 제시하려 했다.

이런 상황에서 사무총장은 이라크에 대한 간섭의 방식에 대해 바그다드(Bagdad)와 상의했다.

결국 모든 일이 어느 정도 쿠르드 족의 배후에서 처리되었다. 'Provide Comfort'의 세 동맹국은 이라크 북부에서 지체하고 싶은 마음이 조금도 없었다. 터키는 자국의 쿠르드 족을 자극할 수도 있는 상황을 불안해했고, 바그다드는 서방세계가 협상을 시작하도록 하기 위해 많은 것을—최소한 형식적으로라도—양보할 태세였다. 그러자 저절로 해결책이 제시되었다. 그것은 국제연합에 난민들을 양도하는 것이었다(500명의 '국제연합군(gardes bleus)'이 약 2만 2,000명의 군사를 대체했다). 더구나 이렇게 함으로써 서구의 양심이 가벼워질 수 있었다. 승리한 서구의 압력에 굴복할 수밖에 없었던 사담 후세인은 자국 내 쿠르드 족과 협상을 시작했다.

5년 반이 흘렀다. 1996년 9월 아무것도 포기하지 않은 사담 후세인이 보복을 하기 시작했다. 이라크 군대의 호의적인 시선하에 쿠르디스탄 민주당(PDK)의 마수드 바르자니(Massoud Barzani)는 영원한 정적 자랄 탈라바니(Jalal Talabani)의 쿠르디스탄 애국연합(UPK)을 굴복시키고 이라크의 쿠르디스탄을 지배하게 되었다. 바그다드 독재자의 술수를 눈치챈 미국은 눈을 부릅뜨고 몇 개의 미사일과 폭탄을 투하했다. 하지만 미국에게는, 특히 한창 대통령선거전을 치르고 있던 그들에게는 쿠르드 족의 덫에 걸려드는 것쯤 문제가 아니었다. 누가 아직도 내정간섭의 의무 혹은 내정간섭권에 대해 말하고 있는가? 그리고 누가 서로 살육전을 벌이고 있는 국민을 구할 수가 있겠는가?

소말리아

1992년 12월 헌장 제Ⅶ장(1992년 12월 3일의 794 결의안)에 근거, 안전보장이사회의 만장일치의 동의를 얻은 소말리아의 '희망회복'운동은 순수한 인도주의적 내정간섭의 좋은 예이다. 이 운동의 목표는 '가능한 한 빠른 시일내에 소말리아에서 인도주의적 구호활동을 안전하게 할 수 있도록 보장해줄 환경을 조성하는' 것이었다. 가장 많은 구조단을 파견한 미국은 어떤 정치적 이득에도 이끌리지 않았다. 식민지에서 해방된 이후, 아니 그전부터 아프리카의 돌각은 몹시 골치아픈 문젯거리였다. 1970년대 후반 들어 소련이 에티오피아를 자신의 세력권 안에 포섭하면서 결정적으로 우위를 점하는 것처럼 보였지만, 때는 이미 새로운 국면에 접어들고 있었다. '희망회복'운동은 점점 두통거리가 되어갔고, 구조단으로 환영받던 군인들은 이제 공격의 타깃이 되었다. 전쟁의 주요 인사들 중의 하나로서, 수도 모가디슈를 요구한 아이디드(Aideed) 장군이 타도해야 할 죄인으로 지목되었다. 그를 체포하기 위해 온갖 수단이 동원되었다. 그러나 그것은 실패한 유혈극이었다. 이 운동은 1994년 북도 트럼펫도 없이 막을 내렸고, 1995년 국제연합은 완전히 철수했다. 하지만 이 운동이 완전히 실패한 것만은 아니었다. 1992년 기근에 허덕이는 사람들의 모습이 안타까움을 불러일으켰고, 또한 1990년대 후반 들어서는 소말리아가 (아마도) 다시 풍부한 식량을 갖게 되었으니까.

국가들의 인도주의적 활동의 관점에서 볼 때 이 운동은 다음과 같은 근본적인 문제를 제기했다. 즉 한 국가(여기서는 특히 미국을 가리킨다)가 아무런 정치적 목적 없는 인도주의적 내정간섭을 해야 하는가, 또 과연 그렇게 할 수 있는가? 1992년 소말리아 사태의 경우 서둘러 그 나라 국민에게 식량을 공급하고 돌봐준 것은 잘한 일이다. 하지만 그것은 첫 단계에 불과한 것이고, 이 국민들의 생명과 안전을 보장하기 위해서는 정치적 해결책(소말리아 정부의 재건)이 필요했다. 물론 인도주의 활동과 병행하여 소말리아의 여러 파당들이 정치적 화합을 이룰 수 있도록 많은 노력이 경주되었다. 그러나 당시 즉흥적으로 제시된 미봉책으로부터 유감스러운 결과들이 터져나왔다. 다시 말해 실질적으로 여러 당파의 수뇌들이 합의를 이룰 수 있도록 하기 위해 진정으로 고려하고 준비한 것이 아무것도 없었던 것이다. 미국의 참여는 상황에 떠밀려 그렇게 된 것이었다(텔레비전에 방영된 소말리아의 모습에 여론이 강한 반응을 보였고, 결국 실패했지만 부시 대통령이 재선에서 표를 구하려 한창 선거운동을 벌이고 있었다). 그러한 감동과 선거가 지나가자 이제 청년들을 다시 집으로 데려가야 할 때가 되었다. 국가는 일종의 정치 배우이다. 그러한 사실을 잊을 수 있을까?

르완다

1994년 르완다의 비극은 프랑스의 경우를 통해 모든 국가에 있어서 인도주의와 정치 사이에는 피할 수 없는 관계가 있음을 입증해주었다.

주로 1960년대에 사하라 사막 이남의 아프리카 대륙이 식민지에서 해방됨에 따라 프랑스는 프랑스어권 국가들의 보호자로 인정받게 된다. 그리하여 프랑스는 여러 가지 방법으로 이 국가들의 내정에 간섭했다. 아프리카 대륙의 상처인 이민족간의 분쟁(투치(Tutsis) 족과 바후투(Hutus) 족간의 분쟁)으로 고통받던 르완다에서 프랑스는 1990년부터 1993년까지 (현상을 유지시킨다는 자신의 임무에 따라) 집권세력을 군사적으로 지원했다. 당시에는 바후투 족이 집권하고 있었는데, 1994년 4월 6일, 그들의 우두머리인 하비야리마나(Habyarimana) 장군이 암살되었다. 그러자 투치족에 대해 대대적인 민족말살정책이 시행되었고, 이때 10만의 인명이 죽임을 당했다. 신용을 잃은 프랑스는 르완다로부터 철수하게 된다.

그렇지만 프랑스는 이 사태에 대해 죄책감을 느끼고 인도주의가 정치를 대체해야 한다고 확신하게 된 듯하다. 그리하여 프랑스는 르완다를 위해 무엇인가를 하고자 했다. 1994년 6월 22일 프랑스는 어렵게 '두 달 동안' 르완다의 시민들을 보호하고 식량지원의 할당을 확보하기 위해 필요한 '모든 수단'을 사용할 수 있도록 허용한 결의안(929)에 대해 안전보장이사회의 동의를 얻어냈다. 10개국이 이 문건에 동의하고 5개국(중국, 브라질, 나이지리아, 뉴질랜드, 파키스탄)이 기권, 다시 말해 반대했다.

'청색운동(l'opération Turquoise)'이 현행의 위임통치에 따라 전개되었다. 프랑스로서는 부담을 느끼고 있던 공모의 혐의를 씻고 체면을 세우는 일이 문제였다. 과연 그렇게 되었는가? 이 운동은 잠깐 동안 일어난 돌발 사건에 불과했다. 혼자 행동한(마치 시라노(Cyrano)처럼, 그것도 신중한 시라노처럼) 프랑스는 대량학살을 막을 수가 없었다. 2개월이 흘렀고 비극은 계속되었다.

국가는 정치를 배제시킬 수가 없다. 국가가 수행하는 모든 내정간섭은 아무리 인도주의적이려고 해도 정치적이다. 국가로서는 정치를 벗어나서 인도주의를 생각할 수가 없다.

국제기구들

국제기구들, 특히 국제연합체제는 국가이기주의를 초월하여 모든 인간에게 공통된 이득을 구현하려는 시도를 한다. 이러한 기구들의 활동은 국가 차원의 이득을 넘어서 있기 때문에 '비정치적'이라 할 것이다. 그런데 '국제연합이 주권국가들의 결집이라는 사실'에서부터 어려움이 생긴다. '즉 국제연합이 할 수 있는 일은 주권국가들이 도달하게 되는 그들간의 합의가 어느 정도인가에 따라 결정된다는 것이다.'[8] 그런데 국제기구들 내부에서 국가들은 독자적으로 행동할 수 있지만, 모든 행위는 집단적이게 마련이다. 사실 전혀 다른 다음과 같은 두 경우 — 국제연합과 보스니아-헤르체고비나(Bosnie-Herzégovine)에 대한 인도주의적 개입, 국제통화기금과 이 기구의 관리프로그램들 — 가 모든 내정간섭이 원칙적으로는 중립적인 구조에서 비롯된다고 하지만, 그럼에도 불구하고 그것이 갖고 있는 정치적 차원을 확인해준다.

국제연합과 보스니아-헤르체고비나에 대한 인도주의적 개입

1992년 8월 13일, 안전보장이사회는 770 결의안에 의해 처음으로 무력분쟁에 희생된 민중에게 인도주의 차원의 지원을 시행할 목표로 무력을 사용하는 것을 허용한다.[9]

8) 「평화 비망록(Agenda pour la paix)」, 1992년 1월 31일 안전보장이사회 정상회담이 채택한 선언문에 준하여 사무총장이 제시한 보고서 (1992년 6월 17일자 A/47/277 S/24111 문건).
9) 이사회는, "국가 자격으로든 기구나 지역 조정의 틀 내에서든, 국제

유고슬라비아의 비극이 벌어지는 동안 내내, 거부권의 조직적인 행사와 동서 대치 시대의 금기사항에서 벗어난 안전보장이사회는, 군수물 수송에 대한 전반적인 폐쇄조치(1991년 9월 25일자 713 결의안)에서부터 전 유고슬라비아에서 저질러진 범죄를 다루는 형사재판소의 설립(1993년 2월 22일자 808 결의안; 이 책의 2장 참조)에 이르기까지 Ⅶ장에 근거한 결의안들을 대량으로 만들어낸다. 이처럼 안전보장이사회가, 특히 상임회원국들이 만장일치로 도덕적인 규탄을 했다고 하여, 특히 평화유지군 이용을 둘러싸고 벌어진 반목과 정치적 작용을 은폐할 수는 없을 것이다. 이 방위군은 두 가지 방법으로 방해를 받는다.

평화유지군은 전투를 해서는 안된다. 첫번째 임무는 교전국들이 정전합의를 결정하고 그것을 지킬 의향이 있는 이상 정전합의의 실행과정을 감시하는 일이다. 전 유고슬라비아에서는 서명된 합의가 즉시 위반되었기 때문에 그럴 일이 전혀 없었다. 따라서 평화유지군은 설사 특별한 표적

연합과의 공조하에 회원 국가들과 그외 국가들의 관할 인도주의 기구들에 의해 사라예보(Sarajevo)와 인도주의적 활동이 필요한 보스니아·헤르체고비나의 다른 지역의 모든 곳에 대한 인도주의적 원조의 시행을 용이하게 하기 위해 '필요한 모든 조처들'을 취하도록 독려한다." 저자가 강조하는 이 공식 문구는 무력사용의 가능성을 함축하고 있다.

과 같은 것이라 할지라도 전쟁시 요청된다. 그러나 평화유지군은 전투를 할 수는 없다. 전투를 할 수 있으려면 지정된 적이 있어야 할 것이다. 그런데 이들에게는 적이 없다. '파트너'(세르비아, 크로아티아 등)만 있을 뿐이다.

세계 평화를 지키는 정치적 보루인 안전보장이사회는 '적을 지정할' 수도 있다(쿠웨이트 사태 때 이라크를 적으로 지명한 것처럼). 전 유고슬라비아의 경우에는 안전보장이사회 내에서, 특히 상임이사국들 사이에 전혀 합의가 이루어지지 않았다. 클린턴 대통령 치하의 미국은 보스니아군 편을 들었다. 반면 제1의 정통 강대국으로서 발칸 반도 내 중심 세력으로 남아 있을 궁리를 하던 소련은 세르비아의 후원자로 처신했다. 영국과 프랑스는 세르비아인들을 최초의 공격자로 간주하면서도 모두의 참여 없이는, 결국 가장 다수인 세르비아인들의 참여 없이는 어떤 타결도 불가능하다는 결론을 내렸다.

게다가 평화유지군은 일련의 분쟁에 말려들어 있었다. 군사력 사용 결의안을 점점 더 많이 채택하고 있는 안전보장이사회와 평화유지군이 그러한 활동 권한을 가지고 있지 않다고 생각하는 사무총장 사이의 분쟁, 사무총장과 현장 사령관 사이의 알력, 그리고 평화유지군 내부에 자국 군인을 가진 나라들(특히 프랑스와 영국의 경우)과 자국 군인이 없는 나라들(미국) 사이의 분쟁 등. 따라서 1993년, 미국이 세르비아인들을 공습으로 굴복시킬 수 있다고 생각한 반면 프랑스와 영국은 이 공습이 '자국의' 국제연합군에게 촉발시킬 수 있을 보복을 두려워했다.

결국 1995년 말 데이턴(Dayton)의 '세계평화협정'(1995년 11월 21일) 체결과 더불어, 사분오열되어 있던 국제연합은 정규 노선을 이탈하게 된다. 한 가지 사실이 여러 수혜국들, 특히 서방국가들에게 분명해졌다. 그것은 보스니아-헤르체고비나에서의 평화적 타결은 그것을 실행에 옮길 수 있을 만한 힘을 가진 세력을 필요로 한다는 것이었다(새로운 보스니아-헤르체고비나의 확립). 그런데 한 세력, 어떤 한 기구만이 세계 제1강국에 의지하고 있으므로 그것을 마음대로 할 수가 있다. 그것은 바로 미국을 수뇌로 한 북대서양조약기구(NATO)이다. 그리하여 2만 명의 미군을 포함하여 6만의 군인으로 구성된 '작전실행부대(IFOR: Implementation Force)'가 창설되었다.

보스니아-헤르체고비나는 인도주의가 정치에 종속되어 있음을 확인해주었다. 한편으로 인도주의가 그 임무를 완수하려면, 인도주의 기구들의 활동역량을 보증하기 위해서라도 정치적 조건, 더 정확히 말해 게임규칙이 필요하다(적십자사의 설립은 야전부대 소속의 부상당한 군인들의 처우를 개선하기 위해 체결된 1864년 8월 22일의 제네바 협정과 밀접한 관계가 있다). 다른 한편으로 인도주의는 결코 정치적 해결을 대신할 수 없다.

국제통화기금과 관리프로그램

제2차세계대전이 끝난 후 전세계는 아니더라도 최소한 국가간의 금융업무를 처리하기 위해 국제통화기금이 설립되었다. 국제통화기금은 무역을 발전시키고 그에 따라 모든 국가들의 번영을 확보하기 위해 가능한 한 많은 국가들이 건전한 관리 규칙을 준수하게끔 하고자 한다. 1970년대 이후 국제적인 경제·통화 활동에 점점 더 많은 국가들(서방 국가들 외에도 석유수출국들, 여타 제3세계 국가들, 1990년대 들어서는 전 공산주의국가들)이 참여하게 됨에 따라 국제통화기금은 이 국가들의 경제회복을 돕기 위해, 요청에 따라 그 국가들에 개입하고 있다(인플레이션 억제, 예산균형의 정상화, 공기업의 민영화 등). 바로 이러한 것들이 관리프로그램들이다.

이 프로그램들은 '비정치적'인가? 그것들은 국제통화기금이 대변하고 집행하는 기능을 맡은 국제사회의 보편 이익을 표현하고 있는가? 아니면 반대로 이 계획들은 단지

시간을 초월한 엄정함의 가면을 쓰고 초강대국, 즉 서구의 이데올로기를 전파할 뿐인가? 이 질문에 대한 대답은 결정적으로 각자의 관점에 따라 다르다. 서구의 금융가에게 국제통화기금의 요구는 '과학적'이며 언제 어디서나 진리이다. 고대 그리스인이든 20세기의 프랑스인이든 훌륭한 가장이라면 자신의 수입 이상으로 지출하는 것은 피해야 하지 않겠는가? 극단적으로 가장 빈곤한 아프리카 국가들이든, 프랑스와 같은 무역국이든 모든 국가들에게 있어서 경제적 균형은 사회적, 정치적 현실과 분리될 수 없다. 국제통화기금의 간섭이 정치적인가 비정치적인가를 결정하는 것이 바로 하나의 정치적 선택을 하는 것이다. 1976년, 한창 경제적 어려움을 겪고 있던 영국은 국제통화기금에게 수십억 달러를 구걸하였고 국제통화기금은 그 대가로 영국을 엄격히 감독하였는데, 그 타격은 다분히 정치적인 것이었고 영국의 대응 또한 정치적이었다(1979년 선거에서 집권당인 노동당이 패배하고 대처(Thatcher)의 시대가 도래하게 된다).

간단히 말해 모든 내정간섭은 정치적인 목적을 가졌기 때문이든(공개적으로 밝히든 아니든, 또 의식적이든 무의식적이든), 그 내정간섭을 둘러싼 정치상황을 무시할 수 없기 때문이든 정치에 얽매여 있다.

4

민주주의의 세계화와
국제적 내정간섭

현대세계에는 주권국가의 범위 내에서 민주주의의 관념이 널리 확산되어 있다. 스스로 결정하고, UN의 문건들이 반복해서 확인하듯이 '자유롭게 자국의 정치, 사회, 경제, 문화 체제를 발전시키는 것'은 각 국민의 소관이다. 민주주의 원칙은 내정간섭을 배제하는 것처럼 보인다. 국민들은 성인이고 평등하다. 그리고 각 국민은 스스로 주인이다.

게다가 존 스튜어트 밀(John Stuart Mill)이 1859년에 행한 한 탁월한 분석에서 적고 있듯이,[1] 한 민족의 자유를 보장하기 위해 간섭한다는 것은 전적으로 모순된 일이다.

---

1) John Stuart Mill, "Quelques mots sur la non-intervention,"(1859) *Commentaire*, 74, 1996 summer, pp.423-433에서 인용.

"어떤 국가가 다른 국가의 국민이 자유로운 체제를 수립하기 위하여 자기 정부를 상대로 투쟁하는 것을 도울 만한 충분한 자격이 있는지를 결정하는 문제에 대해, 그 나라 국민이 거부하려는 구속이 순전히 국내에 거주하는 그 나라 국민이 세운 정부에 의해 부과되었는지, 아니면 외부 세력에 의해 부과되었는지에 따라 대답이 달라질 것이다(대개 외국의 지원을 받아 집권하고 있는 정부를 외래의 것으로 여긴다). 만약 분쟁이 단지 국민과 현지인 지도자들 사이의 것이라면, 그리고 이 지도자들이 자신을 방어하기 위한 목적에서만 자국 군대를 사용한다면, 나는 간섭의 정당성에 대해 부정적으로 대답할 것이다. 이처럼 부정적으로 대답하는 이유는 그 내정간섭이, 설사 성공하였을 때조차, 문제의 국민들의 복지에 도움이 되리라는 것을 확신시켜주는 경우가 드물기 때문이다. 어떤 국민이 민중적인 체제를 가지기에 적합한가를 알아보기 위한 유일한 테스트는 이 국민이, 혹은 이 국민들 중 투쟁에서 승리할 수 있는 역량을 갖춘 일부가 독립을 위해 고난과 위기에 맞서 싸울 준비가 되어 있다는 사실이다. (……) 만약 어떤 국민이 스스로 내부의 압제자에게서 자유를 얻어낼 수 있을 정도로 충분히 자유를 사랑하지 않는다면 외부의 손에 의해 그 국민이 부여받게 될 자유는 전혀 실제적인 것도, 영구적인 것도 아닐 것이다. 어떤 국민도 스스로 자유로워야겠다고 결심한 것이 아니라면 결코 자유로워지지 못하며 또 그 상태를 유지하지도 못한다. 왜냐하면 그 국민의 지도자도, 그 나라의 어떤 일부 계층도 국민을 자유롭지 못하도록 강제할 수는 없기 때문이다……."

따라서 어떤 원칙을 내세워 자유에 기반을 둔 정치체제가 타자에게 자기 행위를 강요할 수 있을 것인가? 자유로운 동의만을 믿는 이 체제가 어떻게 그가 강요하는 자유가 진정한 것이라고 생각할 수 있겠는가? 때문에 모든 민주주의는 결코 타자의 일에 개입하지 않도록 주의해야 할 것이다. 그런데 실제로 상황은 그와 정반대이다. 민주국가들은 충분히 양심을 가지고 내정간섭을 행할 뿐만 아니라, 이와 병행하여 그 국가들이 발전하려면 기존 여건 안에서 자신이 내정간섭의 대상이 되는 것을 받아들이는 일도 필요하다.

민주적 내정간섭권을 향하여?

잘 알려진 상투어구에 따르면 민주국가들은 전쟁을 하지 않는다. 합리적이고 지각 있는, 그리고 평화적인 체제로서 전쟁비용을 의식하는 민주국가들은 협상, 조정, 중재, 재판 의뢰에 의해 분쟁을 해결한다. 다음과 같은 기본 원칙을 제외하고 민주국가들 사이에서 모든 것은 협상이 가능할 수 있을 것이다. 그 기본 원칙이란 어떤 것이나 국민의 의견을 참조해야 하며 그들의 동의를 구하지 않고 결정되어서는 안된다는 것이다. 바로 이것이 민주주의의 전제이다.

이와 동시에 약 2세기 전부터 민주주의 관념이 비약적

으로 발전해왔지만 이로 인해 전쟁이 없어지지는 않았다. 무엇보다도 공식적 혹은 비공식적 제국들이 무력으로 많은 민주국가들을 세웠다(예를 들어 아메리카 대륙과 그 너머까지 세력을 확장한 미국, 유럽에서는 더이상 단독으로 승리를 거두지 못했지만 아프리카에서는 승리를 거둔 제3공화국의 프랑스). 더욱이 민주국가들은 1917년부터 1980년대 말까지의 소련,[2] 1930년대부터 1945년까지의 히틀러 치하의 독일과 일본 제국 등 이데올로기상의 적군들과 죽음의 대치상황에 처해 있었다. 이는 근본적으로 적대적인 이데올로기 체제들에 대한 민주국가들의 정당방위였는가? 아마도 그럴 것이다. 그러나 이 대립적인 체제들 역시 자신들의 입장에서는 정당방위의 상황에 처해 있었다. 전인류를 공산화시키려 꿈꾸던 혁명 강국인 소련은 민주체제의 자본주의세계가 파괴시키고 싶어한(1989∼1991년에 어느 정도는 그들의 의지와 상관없이 파괴에 성공했다) 포위당한 아성이다. 베르사유 조약에 의해 모욕당하고 공황에 의해 전복되어 편집광적인 증상을 보인 1930년대의 독일도 외부 세력이 자신을 파괴하려 한다고 생각했다.

2) 역사는 돌발적인 사태들로 가득 채워지기를 좋아한다. 1941년부터 1945년까지 서방의 민주국가들(영국, 미국)은 더욱 두려운 적으로 파악된 히틀러 치하의 독일을 소멸시키기 위해 소련이라는 적과 동맹을 맺었다.

자유민주주의는 매우 이상한 체제이다. 자유민주주의가 스스로에 대해 가지고 있는 이상화된 시각에 따르면 자유민주주의는 개인의 자유, 의견의 다원성, 다양성에 대한 관용을 전제로 하면서 그것을 고양시킨다. 허나 현실은 아주 다른 실태를 보여준다.

민주주의, 그것은 링컨 대통령의 표현에 따르면 국민의, 국민에 의한, 국민을 위한 권력이다. 하지만 이때 국민은 분명한 특성들을 가져야만 한다. 즉 한 나라의 국민이기 위해서는 충분히 동질적이어야 하고 일정한 가치를 지니고 있어야 한다. 한 마디로 말해 관습에 순응해야 한다. 토크빌(Tocqueville)이 근대민주주의의 커다란 실험실이라고 분석한 바 있는 미국은 폭력과 축출에 의해 구축되었다. 남북전쟁과 더불어 남부의 노예제도 지지자들이 패배함으로써 확실히 폐지된 흑인 노예제도가 바로 그것이다. 그러나 이 패배는 흑인문제를 원주민들인 적색인종(Peaux-Rouges)의 소멸로 그 방향을 바꾸어놓았을 뿐이다. 급진적 공화제의 프랑스도 여러 지방과 그곳의 방언들을 수용하지 못했다.

마찬가지로 자유민주주의체제는 자신과 동류가 아닌 이웃을 잘 견디지 못한다. 여기에는 몇 가지 부합하는 이유들이 있다. 민주주의는 하나의 인류공동체를 조직하는데, 역사에 나타난 모든 공동체와 마찬가지로 이 공동체도 다른 것, 자신이 포괄하지 못하는 것을 두려워한다. 더욱이 민주주의국가들은 일반적으로 무역을 통해 번영을 도모하며 동일한 가치를 가지고 동일한 용어를 사용하여 추론을 하는 파트너들과 더욱 안심하고 무역을 한다. 또한 인민의 동의와 여론으로 구축된 체제인 자유민주주의국가들은 전쟁을 하기가 어렵다(1939~1941년에 미국이 보여준 것처럼). 그렇다면 한 민주국가에게 있어 평화에 대한 최고의 보증은 다른 민주주의국가들에 둘러싸여 있는 것이 아니겠는가? 20세기 들어 역사적으로 세 번의 경우에 걸쳐 민주주의국가들은 그들에게 있어서 진정한 승리는 이데올로기적임을 증명한 바 있다. 1918년 유럽 제국들의 일소(독일, 오스트리아-헝가리, 터키 제국과 러시아 동맹), 1945년 두 패전국의 민주주의체제로의 전환(독일, 더 정확히 말해 서구에 속하는 일부, 그리고 일본), 1989년 중앙 유럽과 동유럽으로 민주주의체제가 확산된 것과 밀접한 연관이 있는 서방세계의 승리가 그 세 사건들이다.

결국 민주주의는 다른 정치체제들과 마찬가지로 가능한 체제들 중 자신이 최선의 것이라고 생각한다. 20세기 말 현재, 소련 공산당의 붕괴와 계획적인 제3세계 통합주의(모택동의 중국에서, 부메디엔(Boumediene)의 알제리, 간디의 인도에서 군사정권하의 브라질에 이르기까지)가, 개인과 집단의 창의력을 펼칠 수 있게 해주는 유일한 체제이자 점점 개방되어가는 세계 경쟁에 적응하기 위한 주된 수단으로서의 민주주의체제의 우월성을 증명하는 많은 증거들을 제공해주고 있는 듯하다.

이 모든 요소들로 인해 민주주의국가들은 다른 나라 일에 간섭하게 된다. 진리를 보유하고 있는 자는 그것을 다른 사람들에게 전달하고, 필요하다면 심지어 그것을 강요할 의무가 있지 않은가?

'동서가 대치하던 시대에,' 서구 진영에 간섭하는 나름의 수단과 방식을 가지고 있던 소련에 대해 서방세계는, 예를 들어 유럽의 다른 지역에 '자유 정보(information libre)'를 건네주기 위해 라디오(특히 유명한 라디오 방송인 자유유럽(Free Europe))를 이용했다. 1968년 8월 바르샤바 조약에 의해 프라하의 봄에 자행된 폭력진압에 대한 변론들 중의 하나는 사회주의의 성과를 위협하는 서구의 기만적인 선전이었다.

서구의 민주국가들이 다른 진영에 대해 엄청난 내정간섭 도구를 사용하고 있다는 것을 차츰차츰 인식하게 된 것은 1970년대 들어서이다. 아주 간단하게 말해 그들이 가지고 있는 인권 이데올로기가 바로 그것이다. 1973~1975년에 소련이 주도하던 유럽 안전보장 협력회의(CSCE)는 유럽의 모든 국가들을 규합하여[3] 인권을 범유럽적인 문제로 만들었다(헬싱키 연속회담 중 세번째 회담). 서구의 외교관들이 정치적 전략에 의해서라기보다 양심상의 부담을 덜려고 이 문제를 부각시키려 했다면, 소비에트 진영은 이 문제를 언급하는 데서 형식적인 요소를 보았다. 한편 헬싱키 선언은 두 가지 방식으로 이루어졌다. 동구에서는 위원회를 구성하여 유력한 공산체제 국가들에게 그들이 직접 서명한 것을 지키도록 요청한 분리파 집단들(그중 한 집단은 원자물리학자인 안드레이 사하로프(Andreĭĭ Sakharov)가 주도했다)에 의해, 서구에서는 자국의 정부에 공산주의국가들에게 인권 상황에 관한 명확한 정보를 요청할 것을 요구한 감시기구들(특히 1976년 미국 국회가 창설한 하나의 독립위원회)에 의해서이다.

고르바초프의 전임자들(브레즈네프 등)이 볼 때 이 영역에 서구가 개입하는 것은 어떤 경우이든 사회주의국가들의 내정에 용납할 수 없는 간섭을 하는 것이 되며, 따라서 이 간섭은 무시되거나 거부되어야 한다. 1980년대 후반, 소비에트 체제를 재건하기 위해 필사적인 노력을 경주하던 고르바초프에게 서구의 재정적, 정치적 원조는 필수적이었다.

---

3) 당시 알바니아는 제외되고 미국과 캐나다가 참여하였다.

당시 그는 인권상황을 개선하라는 요구를 수락할 수밖에 없었다. 이상주의적 보편주의의 이면에 소련을 서구화시켜 '다른 국가들과 같은' 나라로 만들려는 의도가 있었다. 하지만 역사는 갈등을 좋아한다. 소련의 자유화는 세기말 현재 그럭저럭 구축되고 있는 러시아 민주주의의 싹을 뿌려놓으면서 민족주의를 분출시키고 또 그것을 부추겼다. 이로부터 1991년 말 사회주의 모국의 붕괴가 초래되었다. 바로 이것이 내정간섭의 관계이다. 모든 내정간섭은 예기치 못한 결과를 야기하며, 대개의 경우 내정간섭을 주도한 자가 그것의 최초의 혹은 마지막 희생자가 된다.

'동서 시대 이후의 세계에서' 민주주의는 자체의 원동력에 의해 지탱되고 있다. 1980년대부터 1990년대에 이르기까지 자연스러운 전파에 의해 라틴아메리카의 독재자들은 물러나고 소련 진영의 국가들은 붕괴하였으며 아프리카의 절대군주들은 권력이 위태롭게 되거나 쫓겨났다. 민주주의는 20세기 말에 적응한 유일한 정치형태로서 부과되었다. 그러나 서방세계는 자신을 여전히 어떤 사명을 띠고 있는 자로 여긴다. 그리하여 서방 세계는 러시아 민주주의의 보루로 간주되는 보리스 옐친(Boris Eltsine)에 대한 지지를 아끼지 않는다. 또 중국에 대해 정치범들을 석방하도록 압력을 가하며, 북대서양조약기구(NATO)가 가진 온갖 수단을 다 동원하여 보스니아-헤르체고비나에 다민족 민주주의 조직을 확립시키려 하고 있다. 또 유럽연합을 통하여 터키가 쿠르드 족의 권리를 더욱 존중할 것을 끈질기게 요구하고 있다. 1992년 1월에는 프랑스의 중재로, 민주주의의 이름을 내걸고 선거를 봉쇄한 알제리의 쿠데타를 지지하기도 했다. 이 선거로 비민주적인 것으로 여겨지는 세력(이슬람구원전선(le Front islamique du salut: FIS))이 집권하게끔 되어 있었다. 더욱이 개발을 원조하는 것과 민주주의를 향상시키는 일은 거의 조직적으로 연계되어 있다. 가령 유럽공동체와 ACP — Afrique, Caraïbes, Pacifique — 69개국 사이의 로메(Lomé IV) 협약(1990~2000)은 원조조건을 규정하고 몇 가지 요구사항을 만족시키는 국가들에게만 도움을 주기로 했다. 여기서 요구사항이란 특히 민주화를 진행시키는 것과 인권보호를 보장하는 것이다.

따라서 진정한 세계의 평화는 칸트의 『영구평화론(*Projet de paix perpétuelle*)』(1795)에 따를 때 동일한 원칙을 공유하는 공화국들을 포괄하는 것이므로 민주적 내정간섭의 유혹은 무한하다. 하지만 민주적 내정간섭은 적어도 세 가지 난관에 부딪힌다.

첫째는 '내정간섭을 하는 국가의 실태'이다. 언제나 국가들에 기초해 있는 세계 속에서 민주주의국가들은 일정한 영토에 뿌리를 두고 국민을 책임지고 국익을 수호하는 국가들이며 언제나 그럴 것이다.

이런 상황에서 민주주의는 가장 이상적인 것이라 하더라도 순수하게 도덕적인 고찰에 의해서만 결정될 수 없다. 따라서 1960년대 주로 도덕적 차원의 동기(공산주의의 폐해의 확산에 맞서 투쟁하는 것)에 의해 주도된 미국의 베트남 참전은 무엇보다도 미군 자신들이 행하고 있는 전투의 의미를 이해하지 못함으로써 실패로 끝나고 말았다. 모든 인간에게서 의미는 순수한 추상일 수 없으며 현실과 이상 사이의 상호작용 속에서만 구체화된다. 어떤 고귀한 동기라도 거기에 덜 고상할지는 몰라도 매우 인간적인 동기들(영토 수호, 생활양식과 미래의 수호)이 섞여 있을 때에만 정당화된다.

게다가 한 민주국가가 혹은 여러 민주국가들이 오로지 도덕적 정언(민주주의의 향상)에 의해 자신들이 움직이고 있다고 확신할 때조차 다른 국가들은 이러한 태도를 비양심적인 것 혹은 기만으로 분석할 뿐이다. 왜, 무슨 명목으로 민주주의국가는 여타 다른 국가들과 마찬가지로 자기 나름의 제약과 욕구, 이해타산, 그리고 거짓을 가지고 있는 국가가 아닐 수 있겠는가? 1990~1991년에 일어난 쿠웨이트 사건 당시 오해는 명백했다. 중대한 논거(공식적인 주권

국가에 의한 다른 주권국가의 침략)를 들이대고 서구는 정의의 투쟁을 벌이고 있다고 주장했던 것이다. 특히 아랍 민중과, 서구가 자신의 이해관계에 해를 끼치지 않을 때에만 공정한 민중들(자기 영토와 자결권을 빼앗긴 팔레스타인인들)이 그러한 위선을 규탄했다.

둘째는 '내정간섭의 대상이 되는 사회 혹은 국가'이다. 존 스튜어트 밀이 아주 적절하게 환기시켰듯이 민주주의는 강요되지 않는다. 그것은 각 사회가 저마다 다르게 겪는 일종의 복합적인 수련이다. 민주주의를 체험하고 있는 모든 사회는 자신의 역사, 문화, 정치 체제에 따라 그것을 경험한다.

따라서 미국이 1994년 9월 아이티 공화국(군사혁명정권에 의해 쫓겨난, 민주적으로 선출된 대통령 장-밥티스트 아리스티드(Jean-Baptiste Aristide)를 재집권시키기)에 '민주주의를 확립시키기' 위하여 개입한 것은, 미국 자체 내에서조차 강력한 반발을 불러일으켰다. 내정간섭에 찬성한 파들이 보기에 미국은 별로 특혜를 받지 못한 어린 동생들 중 하나가 스스로를 책임질 수 있도록 성공적으로 도움을 준 맏형처럼 행동했다. 반면 반대파들이 보기에 미국은 실제 아이티 공화국의 상황에 이용당했을 뿐이었다. 아리스티드 대통령은 그를 전복시킨 자들보다 나을 것이 조금도 없는

자로서 다른 전제군주를 계승하면서 또 다른 전제군주를 예고하는 소폭군이었던 것이다.[4]

1996년 2월 28일, 러시아는 유럽의 인권보호를 책임지는 기구인 유럽회의(Conseil de l'Europe)에 받아들여졌다. 1989년 철의 장막이 걷힌 이후로 예전의 공산주의 국가들의 입후보자들이 이 기구에 몰려들었다. 그들로서는 유럽회의에 가입함으로써 자신들이 민주주의에 적합하다는 자격증을 얻어내는 것이 문제였기 때문이다. 이 자격증이 서방국가들을, 그곳의 기업가들을 안심시키고 유럽연합에 그들이 가입하는 것을 용이하게 해줄 것이다. 옐친 치하의 러시아 경우, 그가 제시한 인권평가보고서는 치명적인 오점을 가지고 있었다. 체첸 족의 반란에 대한, 실패로 끝난 유혈 진압이 그것이다. 그렇다면 러시아를 유럽회의에 받아들인 것은 어떤 원칙에 입각한 것인가? 러시아는 '신용대출'[5]을 받을 자격이 있는가? 이 논거에 따르면 러시아가 정직하게 이 기구의 활동을 수행하리라는 확신을 유럽회의

---

4) *Foreign Policy*(102, 1996 spring, pp.134-151)에 실린, 세계평화재단 (World Peace Foundation)의 의장 로버트 로트버그(Robert I. Rotberg) 와 매우 보수적인 전통 재단 Heritage Foundation의 의장 존 스위니 (John Sweeney) 사이의 논쟁.

5) Daniel Tarschys(유럽회의 사무총장), "La Russie au Conseil de l'Europe: une concession à la Realpolitik," *Le Monde*, 1996. 2. 7.

가 가질 정도로 러시아는 자유를 보장하는 데에서 충분히 진보를 이루었다. 민주적 내정간섭의 관점에서 보자면 이는 어떤 시점에 이르러 현실적으로 내적 발전을 이룬, 예전에 전제적이었던 한 사회(여기서는 러시아)가 외부의 간섭(여기서는 유럽회의의 감시)으로 인해 더욱 고무되고 또 외부의 지원을 받을 수도 있다는 것을 의미한다. 이는 러시아 곰에 대한 현명한 이해인가 아니면 위험한 환상인가? 러시아가 이 회의에 가입하던 바로 그날, 러시아는 외무장관의 입을 통해 그 기구가 요구하는 사항들(예를 들어 사형폐지)에 부합하기 위해 '몇 년'이 필요하리라는 점을 지적했다.

셋째는 '국제사회의 준거들과 반응'이다. 국제사회는 유동적이면서 모순된 어떤 것이다. 무엇보다 여러 국가들로 구성된 국제사회는 점점 더 많은 다양한 운동들(비정부기구들, NGO)과 여론(국가 차원의 것과 국제적인 것)을 포괄해 가면서 결코 일관된 단일한 관점을 표명하지 않는다. 그렇지만 이 유동적이고 변하기 쉬운 집합체에서도 명백한 쟁점에 대해서는 간혹 일종의 일시적인 만장일치를 끌어내면서 합의가 이루어지기도 한다(가령 남아프리카공화국의 인종차별정책에 대한 비난, 핵실험 금지). 그렇다면 국제사회는 공식적으로든 암묵적으로든 민주적 내정간섭을 수락하는 것인가?

여기서 서로 연결되어 있는, 고려하지 않을 수 없는 두 요소가 드러난다. 하나는 내정불간섭의 원칙은 여전히 세계의 법적, 정치적 질서의 토대들 중의 하나라는 점이다. 다른 하나는 민주주의가 세기말 현재 아주 폭넓게 정당한 정치체제로 인정받고 있기는 하지만 이 민주주의가 가져야 할 내용에 대한 합의는 없다. 예를 들어 민주주의는 자유 선거를 내포하는가?[6]

1948년의 세계인권선언 21조 3항은 '국민의 의지가 당국이 가진 권력의 토대이다. 이 의지는 정직한 선거에 의해 표명되어야 한다……'라고 규정하고 있다. 이 원칙은 1966년 12월 16일에 제정된 민법상의 권리와 참정권에 대한 국제연합 약관 25조에서 다시 채택되었고 1977년에 그 효력을 발생했다. 그리고 몇몇 지역 기구들이 자유선거권을 원칙으로 제시했다. 인권과 기본적인 자유의 수호에 대한 유럽 협약(1959. 11. 4.), 아메리카 인권협약(1969 11. 22.), 철의 장막이 걷힌 바로 다음날 채택되어 새로운 유럽 질서의 토대로서 '자유선거와 공정선거'권을 제시한 새로운 유럽을 위한 파리 헌장(1990. 11. 21.), 마지막으로 1980년대

---

6) Pierre Klein, "Le droit aux élections libres en droit international: mythes et réalités," *A la recherche d'un nouvel ordre mondial*에 수록; op. cit., pp.93-121.

에서 1990년대로 넘어가는 전환기의 격변에 따라, 오랫동안 제3세계의 반(反)서구적 근본주의의 연단이 되어온 UN 총회는 캄보디아와 니카라과, 나미비아에 대한 결의안들에서 자유선거를 요구하는 데에 동조했다.

그런데도 자유선거의 절대적 필요성에 관한 문제는 1991년 UN 사무총장 부트로스 부트로스-갈리(Boutros Boutros-Ghali)가 강조하였듯이 여전히 논쟁거리로 남아 있다. "선거 자체가 민주주의의 징표가 되는 것은 아니며 민주주의를 확립시키는 것은 더더구나 아니다. (……) 민주주의는 정기적으로 투표를 통해 의사표시를 한다는 단순한 사실 이상의 것을 의미하는 것으로, 시민들이 자국의 정치에 참여하는 과정 전체에 해당된다."

민주주의는 여러 가지 의미를 가지고 있고 이 의미들은 모순적이면서도 또 그만큼의 일관성을 가지고 있다. 1945년부터 1989년까지 크게 세 개의 민주주의 모델인 서구적인 것, 사회주의적인 것(인민민주주의), 제3세계의 민주주의가 서로 대치했다. 게다가 각각의 모델 내부에도 자주 서로 부딪치는 여러 가지 길, 여러 가지 전통이 존재했다. 예를 들면 폭력적인 단절 없이 — 최소한 17세기 이후로는 — 구축된 민주주의를 매우 자랑스러워하는 영국이 보기에 과격 급진주의 노선을 따르고 있는 프랑스는 전적으로 민주주의적이지는 못하다. 중-소 분쟁의 시기였던 1960년대에 문화혁명의 중국은 자신만이 진정한 사회주의적 민주주의 체제라고 선언했다. 반면 중국이 보기에 소련은 관료주의적 독재체제에 불과했다.

모든 민주적 내정간섭은 결국 내정간섭을 하는 자의 모델의 확산으로 이해될 수 있다. 바로 이것이 제2차세계대전이 끝나면서 서독과 일본에서 미국이 한 역할이다. 그러나 미국이 가진 수단은 유일한 것이었다. 1989~1991년에 일어난 사회주의진영의 붕괴, 소련의 와해와 더불어 서구는 승리를, 냉전에서의 승리를 거두었고 서구의 민주주의 모델이 전(前) 소련 영역에서 지배적이 되었다. 그러나 민주주의는 저절로 주어지지 않는다. 그것은 부단한 노력에 의해 이루어진다.

제도화된 내정간섭과 민주주의의 기능

현재까지 민주주의는 닫힌 공동체들 속에서 구축되어왔다(고대의 도시국가들, 18세기 말 이후의 민족국가들). 국민의 절대권에 토대를 둔 민주주의는 그러므로 국내와 국외 사이, 시민 — 권리를 가진 — 과 외국인 혹은 권리 없는 미개인 사이의 명백한 경계를 내포하고 있다. 특정 인간집단과 밀접하게 연관되어 있는 이러한 민주주의의 구조는 민주주의의 다원론이 내포하고 있는, 심지어 조장하기도 하는 당파들과 여론의 분열을 넘어 이 집단을 통합시키는 초월적 '진리'를 함축한다. 민족국가 시기에 이 진리는 각자가 소속된 민족의 이상화, 신성화 속에 있었다. 상황이 급박하면 최소한 원칙적으로는 자기 민족을 위해 목숨을 바칠 각오가 되어 있을 정도였다.

이와 동시에 현대의 민주주의는 공인된 진리가 없는 체제가 되고자 한다. 각자는 자유롭게 사유한다. 관심과 여론도 다양하고 서로 모순되기도 하며 또 변하기 쉽다. 권력을 잡고 있는 사람들이 영원한 진리를 보유하고 있는 자는 아니다. 반대로 정해진 어떤 기간에 국민이 선택한 사람들은 유권자가 원할 경우 다른 사람들로 대체되도록 되어 있다. 게다가 이 민주주의는 피선거자와 지도층에 대한 인민의 통제, 정부에 대한 의회의 통제, 정부의 결의와 법률에 대한 재판관의 통제(합헌 여부 감시) 등 복잡한 감시체계를 내포하고 있다. 이러한 민주주의의 논리는 모든 권력이 통제된다는 것을 전제로 한다. 이런 상황에서 모든 민주주의국가는 자신의 행위가 상위 결정기관의 감시를 받고 있으며 경우에 따라서는 처벌을 받을 수도 있다는 사실을 받아들여야 하지 않는가? 또 민주주의국가가 일관성이 있으려면 자신이 오류를 범할 수도 있고 따라서 이 국가가 권력을 남용할 경우 실현될 수 있는, 재판을 통한 내정간섭에 순응할 수 있다는 사실 또한 받아들여야 하지 않겠는가?

어떤 국가도, 그것이 설령 민주주의국가라 하더라도, 특히 강대국의 경우 자신이 불완전하다는 것을 쉽게 인정하려 들지 않는다. 탁월한 민주주의국가로 자처하는 경향이 있는 미국은 외부로부터의 어떤 통제도 잘 용납하지 못한다. 그리하여 미국은 1977년 10월 5일에 1966년 유엔이 체결한 두 조약(민법과 정치법, 경제법과 사회법)에 서명했다가, 15년도 더 지난 1992년 6월 8일에 첫번째 조약만 비준했다. 또한 합법적인 국가로서 범아메리카주의의 사도인 미국은 1969년 11월 22일의 서명으로 공식화되고 1978년 7월 18일에 효력이 개시된 아메리카 인권협약에 서명한 적이 없다. 이 시기는 당시 대통령이었던 지미 카터가 인권을 당면과제로 삼는 외교정책을 주도하려던 때이다. 1985년 국제사법재판소가 니카라과의 문호를 막아버린 곡물세에 대해 자기 관할이라고 선언한 데 격노한 미국은 출두를 거부하였고, 결국은 1946년에 날인된 의무 재판 권한의 임시 조항을 수락할 수 없다고 통고했다. 1994년 클린턴 대통령은 많은 어려움을 무릅쓰고 세계무역기구(OMC: Organisation mondiale du commerce)를 설립하기 위한 협약을 성사시켰다. 미 의회는 당시의 분위기 속에서 국가간 무역분쟁 조정기구를 만들 어낸 것을 좋지 않은 시선으로 바라보았다. 이 기구가 워싱 턴으로 하여금 미국의 일방성을 포기하고 상위 기관의 결정 을 수락하도록 강요하기 때문이었다. OMC를 감시하는 기 구가 창립되고서야 미 의회의 망설임이 철회되었다(5년 안 으로 두 개의 법규가 미국의 이해관계에 불리하게 작용할 경우 미국은 OMC 가입을 재고해볼 것이다).

당장으로서는 유럽 국가들만이 재판을 통한 영구적인 간섭을 전적으로 수용하고 있다. 특히 유럽회의의 범위 내 에서는 1950년 11월 4일에 체결하여 1953년에 시행한 인 권과 기본적인 자유의 수호에 대한 유럽 협약이 문제 된다. 이 조약문에 동의한 나라는 모두 인권문제에 있어서 국제 상소기구가 요구하는 절차를 밟아야 한다. 이는 상당히 혁 신적인 일이다. 특히 소송 당사자인 다른 국가들의 상고권 을 초월하여 국가가 개인들의 청원권을 수락할 때 그러하 다.[7] 분명 예비조처들이 취해졌다. 청원은 익명일 수 없으

---

7) 따라서 프랑스는 1950년 11월 이후 협약에 서명하였다. 그리고 거
 의 4반세기가 지난 1974년에야 그 협약을 재가하였다. 이처럼 비준
 이 상당히 지체된 것은 무엇보다도 갑작스러운 식민 해방으로 인해
 서였다. 프랑스는 예를 들어 알제리의 고통을 두고 국제기구가 자국
 을 비난하는 것을 거부하였다. 게다가 프랑스의 법체계를 구성하는
 여러 요소들(1958년 헌법 제16조, 시청각 정보의 공공연한 독점)이
 비난받을 소지가 많아보였다. 프랑수아 미테랑 대통령의 선출 이후

며 국내에서 취해질 수 있는 모든 방책을 다 사용해본 연후에만 간섭할 수 있다. 어떤 다른 국제기관도 동시에 제소받을 수 없다.

또한 1950년에 정해진 조약은 일종의 검열장치를 마련했다. 유럽회의의 장관 위원회가 선출한 위원들로 구성되어 이 청원들의 수락 여부를 결정하는 일을 맡은 유럽 인권위원회가 청원서들을 검토하도록 한 것이다. 결국 복잡한 절차를 거친 후에야, 경우에 따라 유럽 인권재판소에 제소할 수 있다. 1994년 5월 11일 현체제를 단일 법원(현재의 위원회와 재판소를 통합한)으로 대체한 제11호 규약이 승인되었다. 이 규약이 시행될 경우 그것은 정치적 검열을 폐지하고 일종의 유럽 인권 최고재판소를 세우게 될 것이다.

이 조약에 서명한 국가들은 인권에 관하여 재판에 의한 내정간섭권을 인정했다. 그에 대한 정당화는 언제나 동일한 논리에 따른다. 그것은 특히 20세기의 비극을 겪고 난 직후의 유럽 국가들이 문명화된 민족들의 공동체를 구축해야 한다는 것이다. 이 공동체가 온전히 존속되기 위해서는 파수꾼이 하나 있어야 한다. 여기서 변화가 일어난다. 이

1981년이 되어서야 프랑스는 개인의 청원권을 수락하였다.

파수꾼이란 어떤 강대국이나 강국들의 협의가 아니라 재판에 관한 규정이다. '법'은 이제 힘에 연루되지 않는다. 또한 내정간섭을 하는 자의 '우위' 역시 더이상 패권이 아니라, 형성중인 보편 이득, 규칙을 잘 지킴으로써 결속을 유지해온 유럽의 보편 이득의 표명이다.

이와 같은 규정이 아직 완료되지 않은 민주화의 추진력 속에 포함되어 있는 듯하다. 민주주의 국가라면 자신이 틀릴 수도 있다는 것을, 모든 조직(여기서는 유럽 국가들)은 특히 인권이 문제시될 때 감시받을 수 있다는 사실을 수락해야 하지 않겠는가? 20세기 말 현재 확신에 찬, 성숙기에 이른 민주주의라면 자신의 내부 메커니즘 전체(정치, 행정, 사법 등)에 대해 국제적인 감사―이는 필요할 경우 제재를 초래할 수 있다―를 받을 수 있는 그런 체제일 것이다. 마치 어떤 다국적 기업이 주주들과 시장의 신뢰를 얻기 위하여 가능한 모든 감사―재정, 관리, 환경보호 의무조항 등―를 받을 준비가 되어 있는 투명한 기업으로 인식되어야 하는 것처럼.

실상 법과 정치적인 것은 잘 분리되지 않는다. 1996년 유럽회의에는 39개의 회원국이 가입해 있다. 1989년 철의 장막이 걷힌 이후로 유럽회의는 다수의 전(前) 공산주의국가들을 받아들여 그들에게 인권에 관한 모범 증서를 수여

했다.

1996년 유럽회의는 러시아에게는 최종적인 수락을, 크로아티아에게는 조건부 수락을 결정했다. 크로아티아에 대해 회원국들의 국회 대표들로 구성된 국회회의(Assemblée parlementaire)는 호의적인 의견을 내놓았다. 그러나 유럽회의 사상 처음으로 1996년 7월, 크로아티아가 유럽회의의 기준을 만족시킬 수 없다고 생각한 장관 위원회는 국회 회의의 투표를 무효로 선언하고 크로아티아가 일정 조건을 만족시켜야만(보스니아 사태를 중재하기 위해 마련된 1995년 11월 데이턴 협정의 적용) 가입할 수 있도록 했다. 왜 러시아보다 크로아티아에게 덜 까다로운가? 바로 여기서 정치적 요소가 드러난다. 러시아가 그 회의에 가입하겠다고 그토록 주장했는데도 러시아를 유럽회의 밖에 내버려두는 것은 러시아의 민족주의를 부추기는 일이 될 것이다. 그런데 러시아는 어떤 대가를 치르더라도 길들여야 할 거대한 곰이다. 따라서 러시아를 장악한 연후에 유럽회의는 자신이 오로지 정치적 동기들에 의해 움직이지 않는다는 것을 입증할 필요가 있었다. 한편 크로아티아는 1996년 11월에 유럽회의에 가입했다. 크로아티아의 인권상황에 관한 종합평가는 여전히 매우 열악했다. 유럽회의는 크로아티아가 일단 회원이 되고 나면 합당한 국가가 되는 데 열렬한 관심을 가지게 될 것이라고 생각했다.

유럽의 이러한 규정은 다음과 같은 중요한 문제를 분명히 드러냈다. 무엇이 제도화된 내정간섭을 받아들여지게, 아니 더 정확히 말해 합법적인 것이 되게 하는가? 여기서 실질적으로 취해질 수 있는 일련의 태도들이 두 극단 사이에서 가능해진다.

한 극단에 이러한 내정간섭이 너무나 '자연스러워' 그것을 더이상 내정간섭으로 느끼지 않는 국가들이 있다. 영국이나 프랑스처럼 확신에 찬 오랜 민주국가들은 쉽게 이 범주 속에 포함될 것이다. 그런데 프랑스는 그 규정에 동조하는 데에 30년 이상이 걸렸다. 영국의 경우 유럽 협정을 영국법에 통합시키는 문제를 두고 아직도 토론을 벌이고 있다. 성숙기에 이른 민주국가들도, 어떤 외부 실체에 의해 반박당하는 것을 힘겹게 견디면서 자신의 주권을 잃을까 봐 아직도 전전긍긍하고 있다. 분명 1990년대 말 현재 인권에 관한 유럽의 규정은 최소한 서유럽 국가들에게서 점점 더 관례가 되어가고 있다. 이들 국가들은 앞으로 자신들의 민주적 합법성이 그와 같은 통제를 받아들이게 하리라는 것을 인정한다.

또 다른 극단에 제도화된 내정간섭을 일종의 강제로 느끼는 국가들이 있다. 러시아, 슬로바키아, 발칸 반도 국가들이 특히 이 범주에 포함된다. 자신들의 결속력에 대해 불안해하는 소수민족으로 하여금 명백한 정체성을 갖게 하면서 힘겹게 민주주의를 익히고 있는 이 국가들은 그들의 문제를 이해할 수 없다고 여겨지는 외부 세력을 경계한다. 만약 이 국가들이 유럽회의에 가입하기 위하여 몰려든다면 이는 그들이 이 조직 내부에 자신들이 받아들여짐으로써 유럽연합 가입이 용이해지리라고 생각하기 때문이다.

1992년 당시 헌법재판소 의장이었던 로버트 바딘터(Robert Badinter)의 주도로 유럽 안전보장 협력회의에 조정·중재 재판소가 설립되었다. 1995년에 설치된 이 재판소는 '조정과 중재를 통해 국가들간의, 특히 중앙 유럽 국가들간의 갈등을 평화적으로 해결하기 위한 공공장소, 법정'8)이 되고자 했다. 이 재판소는 본래 두 유형의 소송에 대해 권한을 가졌다. 하나는 환경에 관한 것이고 다른 하나는 소수민족의 권리에 관한 것이다. 전(前) 유고슬라비아의 비극적인 사태에 근거를 두고 있는 바딘터의 관점에 의하면,9) '유고 분쟁의 각 당사자들은 자신들의 장래를 떠올릴 때마다,

---

8) 로버트 바딘터와의 대담, ≪르몽드≫, 1995. 3. 5-6.
9) 1991년 로버트 바딘터는 유럽경제공동체가 설립한, 유고슬라비아의 평화를 위한 회담의 중재위원회 위원장이었다. 이 위원회는 유고슬라비아의 해체를 법적으로 인정하고 이 분열로부터 생겨난 신생 국가들에 대한 승인을 관리할 원칙들을 결정하였다.

특히 전 유고슬라비아로부터 생겨난 각 국가들 내부에 소수민족이 영원히 존재한다는 사실 때문에 그들 사이에서 발생하게 될 분쟁을 조정할 수 있는 국제적인 결정기관의 설립을 요청하는 데 합의했다. 따라서 우리는 고발하고 맞서 투쟁해야 할 가장 잔인한 폭력이 있는 바로 그곳에서 조정과 중재 제도에 의해서만 평화가 보장될 수 있다는 사실을 이해할 수 있다.'[10] 불행하게도 계몽주의의 인간에 대한 합리적 낙관론은 이후의 역사적 사실에 의해 부인되었다. 분쟁중인 여러 당파들은 최종적으로 더욱 신속한 해결책인 민족의 정화를, 따라서 원칙적으로 소수민족이 처하는 상황을 없애는 쪽을 택한 것이다. 조정·중재 재판소로서는 소수민족을 포함하고 있는 국가들이 이 기구를 인정하고 자신들의 분쟁을 이 기구에 위임할 것을 수락한다는 조건하에서만 자신의 임무를 다할 수가 있다. 지금 당장은 이 재판소가 맡고 있는 일이 없다.

1990년대 초, 철의 장막이 걷힌 후 민족자결권이 확산됨에 따라 이러한 문제들이 온갖 종류의 발의를 야기했다(특히 유럽회의의 범위 내에서 1994년에 체결된, 소수민족 국가 보호를 위한 기본 협약).[11] 특히 1992년 11월 5일 지

---

10) Robert Badinter, "Pour une Cour européenne de conciliation et d'arbitrage," *Le Monde*, 1992. 6. 25.

역 언어 또는 소수민족 언어에 관한 유럽 헌장을 만들 협의안에 서명이 시작되어 거의 15개국이 이 문서에 날인하고 두 나라(핀란드와 노르웨이)가 그것을 비준했다. 이 헌장에 동의한 국가들은 이미 그들의 기본 문서에 소수민족건과 언어의 다양성 문제를 포함시키거나(후기 프랑코 장군파의 에스파냐, 스위스, 또는 핀란드), 자국 소속의 소수민족을 이웃 국가들에 동화시킴으로써 이들 국가들이 헌장을 준수하게끔 만들려고 했다(독일, 특히 슬로바키아, 루마니아와 연합한 헝가리). 하지만 오랜 민주주의 전통을 가진 국가들은 이 헌장에 날인하기를 싫어했다. 프랑스가 바로 그런 경우다. 결속을 유지시키는 주요 도구들 중의 하나가 프랑스어인 이 급진주의적인 국가에게 있어서 이와 같은 협약은 코르시카의 분리독립파에게 새로운 무기를 제공하고 브르타뉴와 알자스, 사브아, 니스 등지의 숨어 있던 열망을 일깨우는 위험한 판도라 상자가 될 수밖에 없을 것이다.12) 한 의원의 질문에 대한 다음과 같은 답변이, 이 점을 아주 외교적인 언어로 강조하고 있다. "헌장은 '특히 재판

---

11) Stéphane Pierré-Caps, "Peut-on parler actuellement d'un droit européen des minorités?," *Annuaire français de droit international*, 40, 1994, pp.72-105.
12) Martine Valo, "Paris refuse toujours la charte européene des langues minoritaires," *Le Monde*, 1996. 5. 21.

기구들에서와 마찬가지로 공공업무와 행정 교류에 있어서 지역 언어를 사용하는 것과 관련, 법률상의 어려움을 야기하는 강제적이고 세부적인 일정한 계약을 계획하고 있다. 이 헌장에 동의하기 전에 프랑스는 서명한 약속을 존중할 수 있다는 확신을 가져야 한다."13)

아무리 민주적이고 화해가 이루어진 국가라 하더라도 한 국가에게 있어서 제도화된 내정간섭이란 특히 그것이 민감한 부분(프랑스의 경우 국가 통일성의 보존, 국가 개념의 의미 자체)을 건드릴 경우 늘 고통스럽고 위험하다. 내정간섭은 결코 쉽게 받아들여지지 않는다. 제2차세계대전이 끝나고 서유럽 국가들이 유럽을 건설(유럽공동체, 후의 유럽연합)하면서 그리고 유럽회의 내에 내정간섭 체제를 구축한 것은 이 체제가 그들 사이에 지속적이고 실제적인 평화를 확립시키는 매우 중대한 요인이라는 점을 의식하였기 때문이다.

---

13) 1996년 7월 4일 요셉 오스테르만(M. Joseph Ostermann)이 외무부 장관에게 한 질문 16422에 대한 답변("Ratification par la France de la Charte européenne des langues régionales et minoritaires," *Journal officiel*, 1996. 8. 29., pp.2208-2209).

5
내정간섭의 제도화된 기구로는
어떤 것이 있는가?

내정간섭은 무엇보다도 한 행동주체(개인, 국가, 기관 등)가 다른 행동주체의 일에 간섭하는 모든 행동을 말한다. 그때 주동자뿐만 아니라 온갖 종류의 제3자들, 즉 이웃 사람이나 막강한 권력자, 단순한 구경꾼 혹은 해설자 사이에 눈에 띄지는 않지만 복잡한 상호작용이 일어난다. 내정간섭은 현재에도 지속되는 관계로서 대치하고 있는 주체들, 그들의 자유를 고려함으로써만 이해될 수 있다.

게다가 내정간섭의 지지자들은 이 용어에 거의 신비스럽다 할 정도의 암시적 의미를 부여했다. 내정간섭은 세계의 불화에 대한 해결책으로 제시된다. 하지만 국가의 주권을 옹호하는 사람들은 원조, 다시 말해 관련 국가의 동의하에 이루어지는 도움만을 문제삼을 것이다.

그렇다면 국제적인 영역에서 내정간섭의 미래는 어떻게 될 것인가? 점차 커지면서 모순된 영향을 미치고 있는 네 가지 요소가 문제를 결정한다. 그것은 상호의존성의 증가, 총체적인 문제의 발전, 매체의, 더 광범위하게 말해 통신 체계의 편재, 마지막으로 감시와 감사 기구의 발달이다. 이 요소들 외에도 한 가지 중요한 문제가 남아 있다. 모든 내정간섭이 불평등한 관계를 내포한다는 사실이다. 그런데 평등에 대한 요구는 20세기 말의 근본적인 요청들 중의 하나이다. 평등한 관계에 기반을 둔 내정간섭이 있을 수 있는가? 상황이 이렇다 보니 매우 다양한 내정간섭의 형식들이 공존하게 되었다. 어떤 것들은 안전한 새로운 목표들에 부응하지만 또 다른 것들은 어느 정도 변형된 오랜 역사를 지닌 내정간섭을 모호하게 승인하는 것에 불과한 것들도 있다. 이제 최종적인 질문이 제기될 수 있다. 내정간섭은 그것을 신봉하는 사람들이 꿈꾸듯 세계적인 기구가 다룰 수 있는 문제인가?

네 개의 양가적인 요소들

첫째 상호의존성의 증가는 특히 사회와 국가들 사이에

복잡하게 얽힌 경제적, 재정적, 정치적, 문화적, 과학적 관계망을 만들어낸다. 따라서 각국은 다양한 방식으로 서로에 대해 압력을 가하거나 영향을 미칠 수 있는 수단을 획득하면서 다른 국가들에게 의존하게 된다. 주권국가의 범위를 이루는 '안'과 '밖'의 경계는 여전히 존속하고는 있지만 변동의 소지가 많아졌다. 각국의 번영과 안정이 다른 국가들과 긴밀히 연결되어 있기 때문에 일종의 상호 감시권이 모든 국가들 사이에 확립되었다. 이러한 교류와 경쟁의 세계에서 각 국가는 불이익을 당할까 봐 두려워하며 경쟁자들이 자신과 동일한 규칙을 따르고 있는지, 또 그 규칙들을 잘 지키고 있는지를 주의 깊게 감시한다.

20세기 말 개발중인 한 무역국가에게 내정간섭은 어디서 시작되고 어디서 끝이 나는가? 이 국가는 투명해야 하고 투자자들과 은행가들에게 자국의 신용을 입증해야만 한다. 또한 이 국가는 무수히 많은 중개인들이 한꺼번에 돈을 움직여 화폐를 하락하게 만들 수 있으므로 거래의 흐름을 거슬러서는 안된다. 이러한 국가는 자국의 내정에 대해, 무엇보다도 경제와 재정의 영역뿐 아니라 대개의 경우 정치에 있어서도 내정불간섭의 원칙을 내세울 수 없다. 만약 이 국가가 우방국가들에게 "이 일은 당신과 아무런 상관이 없소"라고 선언한다면 즉시 그처럼 신중하지 못한 다른 이웃 국가가 생겨날 것이다.

이런 상황에서 내정 고유의 영역이란 여전히 존재하는 동시에 사라진다. 예를 들어 의회들은 언제나 주권의 주요한 표현인 법률과 예산을 의결한다. 하지만 이 법률과 예산은 점점 국제적인 압력과 규정에 의해 조율되는 실정이다. 말하자면 법이 지나치게 세세하거나 세금이 지나치게 무거울 경우 고용의 창출자인 투자자는 정착하는 데 별 어려움이 없는 더 유연하고 덜 탐욕스러운 국가로 도망갈 것이다.

이러한 상호의존성으로 인해 관련 국가들은 그들을 '규격화시키기' 위한 다양하고도 지속적인 압력을 받게 된다. 밀폐된 섬나라 일본이 이렇게 개방되었다. 물론 일본은 움직이지 않으려고 다리를 질질 끌며 투덜거리기도 하고 드물게 거부하기도 하였지만 결국은 움직이고야 말았다. 그리고 마침내 가장 두드러진 장애물을 철폐했다. 1990년대 들어서 너무나 거대하고 거칠며 유럽도 아시아도 아니기 때문에 영원한 천민으로 취급받는 러시아는 얼굴을 좀 찌푸리거나 속임수를 쓰기도 하면서 국제통화기금의 감독을 따르고 있다. 국제통화기금은 1996년 보리스 옐친이 러시아 대통령에 재선되는 것을 방해하지 않기 위해 예산과 관련된 몇 가지 파렴치한 행동을 눈감아주었다.[1] 야만족으로부터 자신을 보호하기 위해 끊임없이 장벽(달에서도 보이는, 인간이 세운 유일한 건축물)을 쌓고 또 쌓아온 중앙 제국(l'empire du Milieu) 중국도 반대세력에게 유리한 다양한 압력을 피할 수 없으며, 때로는 그것을 고려하기도 한다.

아주 좁아진 지구촌에서 이루어지는 내정간섭은 당연한 것이 되었고 너무나 빈번하게 이루어져 거의 눈에 띄지 않을 정도이다. 내정간섭을 거부하는 것은 케케묵은 하찮은 자존심을 드러내 보이는 것이다. 모든 국가들은 '시장의 독재'에 불만이 많지만 지금까지 이러한 일상적인 내정간섭에서 벗어나게 해줄 믿을 만한 다른 방도를 발견하지 못하고 있다. 인권의 수사학은 그것을 서구의 오만함의 새로운 표현으로 느끼는 아시아의 통치자들의 신경을 거스른다. 그럼에도 불구하고 아시아의 통치자들은 확실히 변화를 보이지는 않더라도 자기 입장을 정당화해야 할 상황에 처해 있다. 그러나 내정간섭은 조작된다. 히틀러 치하의 독일은 적십자사가 '모범적인' 수용소를 방문하도록 주선했다. 지식인들인, 여론을 퍼뜨리는 대부분의 사람들의 눈에 10년간 소련은 노동자들의 천국으로 보였다. 20세기 말 현재 유통의 급증은 문제의 '기술적인' 여건을 변화시켰을 뿐이다. '다른 방법'으로 진상을 은닉해야 한다. 전제적인 체제

---

1) "Mr Yeltsin's Flexible Friend," *The Economist*, 1996. 7. 13., pp.73-74.

는 최소한 일시적으로라도 — 왜냐하면 언젠가는 모든 것이 밝혀지게 되므로 — 그렇게 할 줄 알아야 하고 또 그럴 것이다. 1990년대에 벌어진 금융사건들이 입증하듯 풍부하고 신속한 유통은 그것을 이용할 줄 아는 사람들에게 가식과 속임수를 쓸 수 있는 엄청난 수단을 제공한다. 『도둑맞은 편지』에서 에드거 포(Edgar Poe)가 말했듯이 무엇인가를 감추는 최상의 방법은 대개 그것을 잘 보이게 두는 것이다! 끝없는 진실 게임은 좀처럼 멈추어지지 않는다.

둘째로 특히 이러한 상호의존성의 증대와 시·공간의 괄목할 만한 축소로 인해 이른바 총체적인 문제들이 불거지고 있다. 총체적 문제란 전인류와 관련된 문제로서 모든 인간이나 모든 국가들 사이의 합의는 아니더라도 최소한 대다수의 합의에 의해서만 해결될 수 있는, 아니 더 정확히 말해 극복될 수 있는 문제로 정의될 수 있다. 게다가 소위 총체적인 모든 문제는 복잡하게 마련이다. 그것은 여러 차원을, 즉 전지구적, 지역적, 민족적, 국지적 차원을 가지고 있으며 과학적, 경제적인 동시에 정치적, 문화적이다. 때로 여러 차원이 뒤섞여 있는 두 가지 유형의 문제들이 이 범주에 속한다. 무엇보다도 종으로서의 인류의 생존과 관련된 문제들이 있다. 가령 기후의 변화(혹은 온실 효과의 강화), 오존층의 훼손, 열대림의 파괴 등. 이 모든 쟁점들에 있어서 문제는 인간과 자연 사이의 조화인데, 지구의 산업화가 온갖 종류의 오염과 소비 자원양을 엄청나게 증가시킴으로써 그 균형을 뿌리째 뒤흔들어놓고 있다. 다음으로 인구가 기하급수적으로 증가함에 따라 (상품, 용역, 자본, 관광객, 군비, 마약, 정보, 사상 등의) 유통의 급증과 관련된 문제들이 발생했다. 모든 관련 국가들이 연결되어 있지 않다면 엄청난 물량을 어떻게 파악하고 필요할 경우에 통제할 수 있겠는가? 국제적인 규정 밖에 있는 국가들(세금 천국, 마약 생산국 혹은 판매국들)은 불법 행위와 밀매가 자행되는 장소가 될 위험이 있다.

이처럼 다양하면서도 핵심적인 총체적 문제들이 내정간섭을 초래한다. 인류가 아니 더 정확히 말해 사람들이(과학자들, 행정기구가 아닌 조직들, 또한 국가들, 국제기구들) 이러한 문제들을 단순하게 정식화시키고 있다는 사실이, 인류의 미래라는 보편 이익을 담지하는 세계 공동체가 혼란스럽게 형성되고 있다는 징후들 중의 하나이다. 구체적인 공동체의 출현은 우연이나 이상주의, 혹은 유행의 산물이 아니라 근본적인 발전의 결과이다. 역사상 처음으로 인류는 원자력이나 미사일과 같은 자멸의 수단을 소지하게 되었다. 게다가 인간은 대규모로 사용되는 기술에 의해 자연의 균형을, 무엇보다도 기후체계라는 가장 핵심적인 요소를 변화시키고 있다(아마도 그렇게 생각할 것이다).

이런 상황에서 개인과 민족, 국가, 국제 공동체는 그들 각자의 행동이 이러한 총체적인 요인들에 영향을 미침에 따라 각자 이들의 행동에 대해 상호 감시권, 내정간섭권을 가지고 있다고 생각할 수 있다. 여러 차원(경제적, 정치적, 경우에 따라서는 과학적, 군사적)에서 논쟁의 원천이 되는 세 가지 예가 이러한 문제의식을 잘 밝혀준다.

첫째는 '기후 변화'이다. 격렬한 논란을 불러일으키고 있는 기상 예측에 의하면 지구 대기층의 평균 기온은 최근 10년간 몇 도씩 오를 것으로 예상되었다. 만약 이 가정(실제로는 많은 의심을 받고 있다)이 정확한 것으로 드러난다면 예상되는 결과는 엄청날 것이다. 바다의 수위가 높아지고 농경지대는 사막으로, 사막은 초원으로 변할 것이다. 왜 이런 위험한 일이 일어나는가? 산업혁명으로 인해 대기층에 인공 분자들의 방출이 대량으로 늘어났고 경제발전의 확산과 더불어 점점 더 늘어나는 추세에 있기 때문이다. 그렇다면 어떻게 해야 하는가? 이러한 방출의 수준을 통제해야 한다. 아니 더 정확히 말해 그 수위를 낮추어야 한다. 그런데 이산화탄소(CO_2)의 형태로 이루어지는 이 방출은 특히 화석에너지(석탄, 석유, 천연가스)에 의해 이루어진다.

여기서 내정간섭의 문제가 다시 불거진다.

　두 인구 대국, 인도와 중국은 국민을 먹여 살리기 위해 경제개발을 해야만 한다. 이 두 나라는 그들이 마음대로 사용할 수 있는 엄청난 양의 석탄을 보유하고 있으며, 이 자원을 개발해감에 따라 대기중에 막대한 양의 이산화탄소(CO_2)를 방출하고 있다. 그렇다면 보다 상위 차원의 인류의 이득이라는 명목하에 이러한 개발을 막아야 할 것인가? 인구 과밀의 가난한 중국이 빈곤에서 벗어나기 위해 자신이 가진 모든 수단(특히 풍부한 석탄)을 사용할 권리는 없는가? 세계 공동체가 이러한 개발을 저지할 경우 인도와 중국은 더 비싼 에너지를 사용하는 데에 드는 추가 비용을 감당할 수 있도록 재정적 보상을 받아야 하지 않겠는가? 따라서 두 종류의 합법성이 서로 충돌한다. 하나는 먹여 살려야 할 국민을 책임진 주권국가들의 현실적인 합법성이고, 다른 하나는 전인류에 대해 책임이 있는 세계 공동체의 잠재적인 합법성이다. 이 공동체는 천연자원의 ‘지속적인’, 또 ‘지지할 수 있는’ 사용을 위한 내정간섭의 권리와 의무를 가지고 있는가?

　20세기 말 현재, 선진국들이야말로 단연 지구를 오염시키는 주범들이다. 그중에서도 미국은, 특히 쉽게 이해될 수 있는 정치적 이유들로 유가(油價)가 여전히 매우 낮은 상태에 있기 때문에 1위를 차지하고 있다. 가장 이상적으로 인도와 중국으로 하여금 석탄을 개발하지 못하게 하려면 미국은 유가를 올리고 미국인들에게 자동차를 덜 몰고 다니게 해야 하지 않겠는가? 인류에게 이득이 되도록 하기 위해 유가 인상이 이루어질 경우 미국 역시 그에 적응하기 위해(특히 대중 수송수단의 개발) 재정적 보상을 받아야 하지 않겠는가?

이러한 목표들은 현실적인가? 어떤 방법으로 이 국가들이 그것을 지키게 할 수 있을까?

둘째는 '열대림의 파괴'이다. 온대지역 국가들의 숲이 조직적으로 개발되었던 것처럼 열대림도 산업화의 추진에 휘말려 있다. 인공위성들이 이 거대한 식물 공간이 체계적으로 파괴되고 있는 모습을 담은 충격적인 사진들을 제공해주었다. 그런데 이 숲들은 수려한 풍광의 아름다움 외에도 인간이 약제와 치료약을 제조하기 위해 길러야 할 종과 유전자의 거대한 보고를 이루고 있다.[2] 바로 여기서 환경보호 차원에서 시행되는 내정간섭권의 문제가 개입된다.[3]

---

[2] 200만 종 이상이 숲속에서 살았다. 현재 매년 4,000에서 6,000에 이르는 종이 사라지고 있는데, 이는 인간이 출현하기 이전, 자연스럽게 소멸이 이루어졌을 때보다 만 배나 더 높은 수치이다(Edward Wilson, "La diversité du vivant menacée," *Pour la science*, 145, 1989. 11., p.69).

[3] Roger Cans, "L'ingérence écologique est-elle un droit?," *Le Monde*, 1991. 11. 28.

보다 상위 차원의 인류의 이익이라는 명목하에 언제나 열대림을 국제적인 통제하에 두어야 하는가?

이 삼림을 보유하고 있는 국가들은 무엇보다도 삼림의 파괴가 특히 선진국들이 필요로 하는 목재 때문이라는 사실을 내세운다. 앞으로 자국에 남아 있는 삼림을 세심하게 보호하려고 하는 일본은 동남아시아 삼림의 조직적인 개발에 착수했다. 게다가 이 국가들도 주권을 가지고 있다. 자국의 영토에 자라난 숲은 그들의 소유이다. 오래 전부터 '지구의 산소 공급원'4)인 아마존을 파괴시킨다는 비난을 받고 있는 브라질에 대한 논의도 바로 이와 같은 것이다.

다른 관점에서 보면 열대림 개발을 통제하기 위해서는 관련 국가들(삼림 보유 국가들과 여기서 나온 산물을 구매하는 국가들) 사이의 협약을 통해 이러한 임무를 위임받은 국제기관의 설립이 필요하다. 1992년 6월, 리오데자네이로의 지구 정상에서 그러한 협약이 체결될 계획이었다. 그러나 이 계획은 삼림을 보유한 대국들(인도, 브라질, 인도네시아, 말레이시아)에 의해 무산되었다.

셋째는 '핵무기의 확산'이다. 20세기 말 현재, 핵무기의

---

4) '지구의 산소 공급원'이라는 이 표현은 열대림이 전체적으로 균형이 잡혀 식물에 의해 산소와 탄산가스의 흡수와 배출이 상호보완이 되면 별다른 의미가 없어진다.

확산은 군사적인 측면에서나 민간 차원에서나 지구 안전의 핵심적인 쟁점을 이루는 것이다. 체르노빌 폭발(1986)에 의해 비극적으로 입증된 발전소 사고의 위험, 핵무기 보유국 혹은 곧 보유하게 될 국가의 증가 등이 주요 현안들이다.

이러한 도전 앞에서 미국과 소련은 긴장 완화 시기에 핵확산 방지조약(TNP)을 체결(1968년 7월 1일)했다. 이렇게 설립된 장치는 세계적인 내정간섭의 현실적인 문제의식을 분명히 밝혀준다.

정치적인 관점에서 볼 때, 그것은 19세기 유럽협의 또는 국제연합의 안전보장이사회를 상기시키는 매우 고전적인 체제이다. 한편으로 1967년 1월 1일 현재 '핵무기를 보유한' 강대국들(미국, 소련, 영국뿐만 아니라 1990년대 들어서야 핵확산 방지조약에 합류한 프랑스, 중국)은 무기 확산을 저지하기 위해 수단 방법을 가리지 않고(예를 들어 위험한 기술의 수출 불허) 체제를 수호해야만 한다. 다른 한편 1967년 1월 1일 현재 핵무기를 '보유하지 않은 국가들은' 핵확산 방지조약에 합의함으로써 핵무기를 보유하지 않기로 약속했다. 이러한 규정이 효율성을 가질 첫번째 조건은 핵무기를 보유하였거나 어느 정도 장기적으로 볼 때 그것을 보유할 수 있는 능력을 가진 모든 국가들이 핵확산 방지조약에 가입하는 것이다. 한편 안전이나 힘을 이유로 내세워 핵무기를 보유해야 한다고 생각하는 국가들(예를 들어 이스라엘, 파키스탄, 인도)은 이러한 원칙을 충실히 지키지 않는다.

적성국가들의 참여 외에도 핵확산 방지조약체제는 국가들로부터 독립된 일종의 통제기제를 마련했다. 이것은 새로운 형식의 내정간섭이다. 그 기제는 비엔나의 국제원자력기구(AIEA: Agence internationale de l'énergie atomique)이다(이 책의 5장 참조).

세번째로 매체, 더 광범위하게 말해 커뮤니케이션 체계가 편재하게 됨으로써 국가라는 공간은 영원히 외부 세계의 시선(여론, 온갖 종류의 운동들, 국가들, 국제기구들)하에 놓이게 되었다. 모든 것은 점점 더 빨리 알려지고 있다. 1975년에서 1978년에 걸쳐 크메르 루주의 피비린내나는 유토피아로 내몰린 캄보디아는 완전히 봉쇄되었다. 그럼에도 불구하고 그간 전개된 아비규환의 체험은 널리 알려졌다. 사람들은 참화를 피해 달아났고 그 참상을 이야기했다. 전문가들은 이 증언들을 책에 상세히 기록했다. 크메르 루주의 지도자들은 극소수만이 우방국가들의 텔레비전 방송을 볼 수 있었으며, 방영된 영상들은 아무리 일정한 경향을 띠고 있다 할지라도 많은 것을 암시했다. 몇몇 체제는 이러한 매체의 변화로부터 교훈을 끌어냈다. 그들은 아무것도 감추지 않고 촬영하도록 내버려두었다. 그리하여 1989년 천안문 광장의 시위 진압현장은 텔레비전 카메라 앞에서 펼쳐졌고, 1990년대 초 전(前) 유고슬라비아에서는 인종청소 수용소가 충분히 사진에 담겼다.

이처럼 매체가 작용하고 있다는 사실이 곧 일종의 내정간섭이 된다. 모든 국가들에게, 특히 권위주의체제, 혹은 전체주의체제를 가진 제3세계 소속 국가들에게 매체는, 만약 매체가 집권세력을 칭송하지 않는다면 언제나 결국은 그들과 무관한 일에 참견을 일삼는 방해꾼이 된다. 매체의 영상, 소리는 매우 다양한 반응을 일으킨다. 대개는 무관심을, 때로는 분노를 야기하면서 정부들이 개입하도록 압력을 가하기도 한다. 매체라는 요인은 누가 뭐라 해도 전세계가 각국의 내정에 대해 갖는 상호 통제권을 강화, 정당화시키는 데에 기여하고 있다.

네번째로 매체를 넘어서 감시와 감사를 맡은 기구가 발전하고 완성되었다.

무엇보다도 국제적인 운동들이 전지구의 도덕을 주창하고 지키는 파수꾼임을 자처했다. 가장 왕성한 활동을 벌인 운동 기구들 가운데 몇몇이 양심 — 아주 약간의 위선과 더불어 — 과 호전성이 뒤섞여 있는 것으로 특징지어지는 영국에서 발의된 것은 결코 우연이 아니다.

1961년 영국인 피터 베넨슨(Peter Benenson)은 국제사면위원회(Amnesty International)를 창설했다. 이 기구의 목표는 정치체제 자체를 바꾸는 것이 아니라 정치범들을 '선별하여' 그들에게 새로운 시민권, 세계의 양심이 부여하는 시민권을 갖게 하는 것이다. 내정간섭에 대한 근본적인 정당화가 이루어졌다. 사면위원회는 정치범들을 자기 보호하에 둠으로써 국가를 초월하는 보편적인 인류공동체의 도구, 표현이 되고자 했다. 1990년대 들어 100만 이상의 회원을 확보한 사면위원회는 전지구적 양심의 대변인으로 자처하고 있다.

1971년 환경보호의 대의(大義)를 옹호하는 그린피스(Greenpeace)[5]가 탄생했다. 20년 후 이 단체는 약 400만 명의 기부자를 가지게 되었으며, 30여 개에 달하는 지역 사무소와 7척의 함대를 보유했다. 그린피스는 마치 다국적 기업처럼 관리되며 엄격한 재정 기준을 가지고 소송과 광고 기술을 통제한다(1995년에 있은 태평양 핵실험에 대해 최근에 캠페인을 벌였을 때와 마찬가지로, 1985년 레인보우 워리어(Rainbow Warrior)를 파괴했을 때 프랑스에 대해 했던 것처럼).

5) 1969년에 결성된 국제적인 자연환경 보호단체 — 옮긴이 주.

가장 의미심장한 사건들 중에서도 이 두 가지 예가 정치권력이 아닌, 확실하면서도 파악하기 어려운 분명치 않은 전체, 즉 전세계 여론으로부터 생겨난 자생적인 내정간섭의 출현을 확인해준다. 내정간섭, 압력은 주권국가들의 이기적인 관심을 끌어낼 수 있는, 인류의 상위 차원의 이득이라는 명목하에 이루어진다. 이러한 내정간섭은 구체적인 행동으로 표현된다(시위, 광고용 캠페인, 정치적 요구―예를 들어 1995년 프랑스의 핵실험을 고발할 당시 폴리네시아의 독립주의를 동원한 것). 이러한 내정간섭은 정치범의 석방이라든가 이러저러한 활동의 중지와 같은 목표를 가진다.

이처럼 국가들이 감시하에 놓이게 된 것은 이러한 운동들뿐만 아니라 감시 기제의 엄청난 개발에 의해 성취된 일이다. 인공위성들이 첫번째 혁신을 가져왔다. 지구 표면에서 전개되는 모든 인간의 활동은 아주 사소한 일들까지도 관찰되어 필름에 담길 수 있게 된 것이다. 1970년대와 1980년대에 두 초강대국이 현장에서의 모든 조사를 거부함으로써 인공위성이 핵무기관리협약(SALT협약: 전략무기 제한회담(Strategic Arms Limitation Talks)―1차는 1972년이고 2차는 1979년이다)의 준수를 보장하는 일을 떠맡게 되었다. 1990년대에 만약 인공위성들이 인간의 모든 활동(군사작전,

산림파괴)을 감시하는 데서 핵심적인 역할을 견지해준다면, 현장에서의 감사는 이후로 실제 적용에 있어서 감독을 요구하는 모든 협약의 필수 불가결한 수단이 될 것이다. 미리 정해진 일정표에 따라 개입하는 정기적인 조사 외에 장소 불문하고 지체없이 행해지는, 이른바 도발적인 조사인 불시 검문이 있을 수 있다(1990년 11월 19일, 재래식 무장군대에 관한 유럽조약, 1993년 1월 15일, 화학무기협정). 감시체제의 이러한 변화는 물론 기술발전에 의해 설명될 수 있다. 그 뿐만 아니라 국제체제의 정치적 변화(권력의 모든 수단이 집중된 것처럼 보인 두 국가가 지배하던 동서시대의 종식과 명백히 나뉘어진 일사불란한 계층과 진영의 종식, 어떤 국가도, 최후의 초강대국인 미국조차 자신이 국제법을 초월해 있다고 여길 수 없는 데서 볼 수 있는 것처럼 국제질서의 —상대적인— 민주화)와 투명성에 대한 욕구의 일반화에 의해서도 이해될 수 있다.

평등 속의 내정간섭은 가능한가?

모든 내정간섭에는 불평등관계가 내포되어 있는 듯하다. 다시 말해 내정간섭을 하는 자는 위치상 내정간섭의 대상이 된 자보다 우위에 있다는 것이다. 이 우위성은 물질적인 요소들(군사력 혹은 그외의 힘)과 정신적 요소들(상위 차원의 이익을 구현하고 자신이 공동체의 대변인이라는 확신)을 결합시킨 것이다. 그런데 20세기 말 현재의 기본적인 요청들 가운데 하나는 바로 평등에 대한 요청이다. 그것은 개인들간의 평등일 뿐만 아니라 남녀 양성, 세대들, 국가들, 문화들, 종족들 간의 평등이다. 전지구를 개방시키고 지배하려는 기획에 따라 이러한 요청을 모든 인간의 정신에 심어놓은 것이 바로 유럽이다. 불평등한 관계인 내정간섭은 과연 평등주의적인 아니 평등주의를 지지하는 세상에서 있을 수 있는 것인가? 아마도 서로 상호작용을 하는 세 가지 조건만 충족된다면 가능할 것이다.

첫번째 조건은 만약 이 조건이 없다면 모든 것이 불가능한 그러한 조건으로서, 그만큼 실현하기에 가장 힘든— 아니면 가장 쉬운— 것이다. 내정간섭의 주역들—내정간섭을 하는 자와 내정간섭을 받는 자—은 자신이 평등하다고 느껴야 한다. 이 요구는 모순된 것인데, 본래 불평등한 관계에 처해 있으면서 어떻게 자신들이 평등하다고 느낄 수가 있는가? 그럼에도 불구하고 바로 이것이, 아마도 환상이겠지만, 현대의 모든 민주체제의 기본 토대이다. 차이(성, 연령, 미, 지능 등의 차이), 불평등(사회적 불평등, 학교 교육과 직업상의 불평등)은 평등의 원칙에 의해 부인되지는 않더라도 최소한 극복되리라고 여겨진다. 평등은 모든 불평등을 초월하는 것으로 제시된다. 민주적인 사회에서 남자와 여자, 자녀와 부모, 제자와 교사, 사장과 직원은 평등하다. 평등의 원칙은 모든 친밀한 관계들과 사회적 관계들에 배어들어 있다. 이 원칙이 불평등을 불식시키기는커녕 불평등의 감정을 일깨우고 부추기는 것이 사실이다. 각자가 자신의 지위를 견디지 못하고 왜 그가 다른 사람이 아닌 자기 자신인지를 자문한다.

여하튼 국가들간의 관계 또한 이러한 평등주의적 역학에 사로잡혀 있다. 오늘날 자신은 예외라고 생각하면서 많은 다른 국가들 가운데 자신도 하나의 국가에 불과함을 알지 못하는 국가는 없다. 영원한 중국, 거대한 러시아, 유럽 '열강들' ― 영국, 프랑스, 에스파냐 등 ― 그리고 심지어 초강대국인 미국조차 모두 다 경제적인 경쟁과 전세계 여론에 휩싸여 있다. 따라서 결국 어떤 나라도 돈의 비속한 구속에서, 시장의 세력에서 벗어날 수 없다(미국은 유일한 수단인 달러, 즉 유일한 세계 화폐의 덕을 보고 있다).

간단히 말해 특히 국가들간의 평등은 시대의 조류에 의해 강요된다. 그러므로 오늘날의 내정간섭은 더이상 예전의 내정간섭만큼 불평등하지 않다. 그러나 내정간섭이 안고 있는 불평등의 소지는 그로 인해 더욱더 견딜 수 없는 것이 되어가고 있다.

첫번째 조건으로부터 두번째 조건이 비롯된다. 내정간섭이 합법적이 되려면 상호적이어야 한다. 만약 누군가 다른 사람의 일에 간섭할 경우 후자는 동일한 방식으로 그리고 동일한 비율로 전자의 일에 간섭할 수 있어야 한다. "자, 다음과 같은 상황을 상상해보자. 이라크의 한 인도주의 기구가 결핵, 에이즈, 영양실조가 점점 음산하게 확산되고 절망으로 인해 폭력이 난무하고, 환자와 부상당한 사람들이 심각한 위기에 처한 사회보장제도로부터 빵 부스러기 하나 타낼 수 없는 뉴욕의 한 빈민구역에 자리를 잡았다고 하자. 이 조직의 명예 의장인 사담 후세인은 혹독한 시대의 희생자인 부녀자와 아이들에게 극도로 부족한 의복과 양식, 의료진과 우애의 손길을 보내기 위하여 인도주의적 원조의 의무를 제창했다." 국경 없는 의사회의 전(前) 의장인 로니 브라우먼(Rony Brauman)의 이 이야기는 평등주의 정신에 일치하는 유일한 내정간섭인 상호적 내정간섭의 개념을 완벽하게 보여주고 있다. 그러나 로니 브라우먼은 다음과 같이 덧붙이고 있다. "정부와 미국 대중의 반응은 어떠할 것인가? '인도주의적 내정간섭'의 대변인인 프랑스는 뭐라고 말할 것인가? 국제연합의 안전보장이사회는 인도주의적 구호의 원칙들이 갖는 보편성을 재확인하기 위하여 어떤 결의안을 채택할 것인가?"6)

세번째 조건은 앞의 두 조건을 구체화시키는 일이 얼마나 어려운가를 호도하거나 아예 은폐시켜버린다. 그것은 실재하는 국제조직에 관한 것이다. 국제기구들은 불평등(인구, 부, 세력 등)을 적어도 외관상의 평등으로 변형시키는 훌륭한 기구들이다. 현대의 모든 국제기구들은 국가들의 절대적 평등에 기반을 두고 있다. 예외적인 상황(상임위원국의 경우, 제2차세계대전의 승전국이라는 그들의 입지)에서 기인하는 불평등(가령 국제연합의 안전보장이사회 상임위원국 제도와 같은)은 기능상의 요청(안전보장이사회의 경우 평화 유지)으로 정당화된다.

이런 관점에서 볼 때 만약 오늘날 국가들의 직접적인 내정간섭이 반드시 의심스러운 것이라면, 최소한 서류상 동일한 조건에서 모든 국가에 대해 실행될 수 있는 국제기구들의 내정간섭은 선험적으로 더욱 합법적이고 초월적인 보편 이익을 표현하는 것일 수 있다. 19세기, 유럽협의의 황금기에 파산 국가들(이집트, 터키 제국 등)의 재정을 재확립시키는 일을 떠맡은 것은 강대국들이다. 양차 대전 사이에 다국화의 필요가, 1930년 수 차례에 걸친 독일 복구

6) Rony Brauman, *L'action humanitaire*, *Dominos*, Paris, Flammarion, 1995, pp.8-9.

계획인 영 플랜(le plan Young)을 관리하기 위해 국제결제은행(BRI: Banque des règlements internationaux)을 창설함으로써 구체화되었다. 1945년에는 통화에 의한 내정간섭이 국제통화기금에 일임되었다. 하지만 국제통화기금은 과연 보편 이익의 파수꾼(국제통화제도의 순기능)인가 아니면 서구의, 특히 더욱 고도의 장비를 갖춘 미국의 경제적 지배를 가능케 하는 매체에 불과한 것인가? 세계가 실제로는 불평등한 주권국가들로 구성되어 있는 한 이러한 양면성은 지속될 것이다.

그러므로 평등한 내정간섭을 가능케 하는 기본적인 요소들이 있기는 하다. 그렇지만 국제질서는 여전히 불평등한 채로 지속된다.

전문화된 제도적 내정간섭

세계적 차원에서든 지역적 차원에서든 통합의 추진력은 제도적 내정간섭의 확대를 초래하고 있다. '그러나 제도적 내정간섭은 국가들이 그것을 받아들이고 규칙을 충실히 지킨다는 조건하에서만 기능할 수 있다.' 다음과 같은 두 가지 형태의 전문화된 내정간섭이 성공적이라 할 만하게 발전하고 있다.

첫째는 '민감하고 위험한 자재, 혹은 생산품에 관한 내정간섭'이다. 비엔나의 국제원자력기구 AIEA(이 책의 5장 참조)가 핵확산 방지조약의 회원이면서 국제원자력기구와 특별한 협약을 체결한, 핵무기를 소지하지 않은 국가들의 핵무기 설치를 감시한다(핵확산 방지조약 III조). 이 기구는 감시기제를 이용하여 정기적인 감사를 수행한다. 이 장치가 올바로 작동하기 위해서는 관련 국가들의 협조가 필요하다. 가령 이라크는 핵확산 방지조약에 최초로 서명한 국가들 중의 하나이다. 그런데 이라크는 국제원자력기구의 통제를 무시하면서 중차대한 핵무기 계획을 진행시키는 데 성공했다. 이 계획을 무산시키려는 시도가 이루어진 것은 이라크의 패배로 제2차 걸프전이 막 끝난 직후(쿠웨이트의 해방, 1991)이다. 이라크 당국은 이러한 시도의 진행을 방해하기 위해 온갖 수단을 동원했다. 이와 마찬가지로 북한도 1985년 핵확산 방지조약에 가입하고 1992년 핵무기 설치에 관해 국제원자력기구의 감사를 받겠다는 협약을 체결했다. 그런데 1993년 3월, 국제원자력기구가 신고되지 않은 두 지역을 조사하겠다고 요청해오자 북한은 핵확산 방지조약으로부터의 탈퇴를 선언했다. 그러자 복잡한 대결이 시작되었다. 체제 막바지에 이르러 고립된 북한은 핵무기 확산에 대한 서구의 두려움을 이용하여 몇 가지 유리한 조건(경제적 원조, 최대 적국인 미국과의 외교관계 확립)을 얻어냈다. 북한은 대체로 만족한 결과를 확보했다. 1994년 10월 21일 제네바에서 북한은 미국과 협약을 체결하였는데, 이 협약에 의해 북한은 핵확산 방지조약에 점차적으로 다시 가입하는 대신 최신형 원자로 교체에 대한 원조 특혜를 얻어내고 워싱턴과의 정치적, 경제적 관계 전반을 정상화하게 된 것이다. 북한의 이런 경우는 모든 내정간섭 장치에 순응하는 국가들이 상황만 갖추어지면 그것을 정치적 목적을 위해 이용할 수 있기 때문에 내정간섭 장치가 일종의 내기물이 된다는 사실을 확인시켜준다.

1993년 1월 15일 화학무기에 대한 세계적 협약이 체결되었다. 이 문건은 실현되기 위해 국제원자력기구와 유사한 기구를 설립하였는데, 그것이 곧 헤이그에 설립된 화학무기 금지기구(OIAC: Organisation pour l'interdiction des armes Chimiques)이다. 이 기구는 화학산업이 무기를 제조하는 데에 이용되지 않도록 모든 화학산업의 활동을 감시하는 임무를 맡고 있다. 화학상품을 만들어내는 모든 공장이 쉽게 민간 용도에서 군사 용도로 넘어갈 수 있기 때문에 이러한 임무는 매우 중요한 일이다. 이 장치가 올바로 작동하려면 신뢰와 경계, 즉 협약을 준수하려는 회원국들의 의지에 대한 신뢰와 국가들의 상호적인 경계 — 각 국가는 다른 국가들을 감시하고 모든 의심스러운 행위를 고발할 태세가 되어 있어야 한다 — 가 교묘하게 배합돼야 한다.

1996년 가을 161개국(국제연합의 185개 회원국들 중에서)이 이 협약에 서명했다. 그것이 효력을 발생하려면 65개국의 비준을 받아야 한다. 63개의 비준은 이미 이루어졌다. 하지만 러시아와 미국이 비준을 지체하였고 게다가 몇몇 민감한 국가들, 북한, 이집트, 리비아, 세르비아, 시리아가 서명을 하지 않았다.

향후 몇 년간 적성국가들 사이에 충분한 합의가 이루어지고 나면, 예를 들어 유독성 생산물이나 일정한 무기판매에 대해, 많은 국가들이 당장 엄청난 위험에 처해 있어 자신의 절대권에 대한 통제를 받아들여야 한다고 확신하는 분야에서 이와 유사한 장치들이 생겨날 수 있을 것이다.

둘째는 '재판에 의한 내정간섭'이다. 1990년대 들어 동서 대립이 끝나고 경제교류가 급증하면서 국제 재판소들이 활기를 띠게 되었다. 그중 일부는 유럽인권재판소(1950)를 따라 인도주의적 차원의 권리 혹은 개인의 권리를 더욱 효율적으로 존중하도록 장려하는 것을 목표로 하고 있다. 국제연합 내에, 전(前) 유고슬라비아에서 자행된 '국제 인도주의적 차원의 권리에 대한 심각한 위반'을 심판하기 위해 설치된 재판소(1993년 2월 22일 안전보장이사회의 808 결의안)와 르완다 사태를 위한 재판소(1994년 11월 8일의 955 결의안)가 바로 그것이다. 또한 1998년 외교협상에 의해 기본 협약의 발판이 마련된 영구 국제형사재판소(CCI: Cour criminelle internationale)의 설립 계획도 이 경우에 속한다. 1992에서 1995년에 걸쳐 유럽 안전보장 협력기구도 소수민족의 문제를 관할하는 조정·중재 재판소를 갖추었다(이 책의 4장 참조).

무역과 경제적인 상호의존성이 늘어나자 자신의 경제 파트너와 어려운 문제가 생겼을 때 한쪽이 일방적인 조처를 취하지 않도록 유도하기 위해 국가들간의 분쟁을 조정하는 기구의 설립이 불가피해졌다. 관세 및 무역에 관한 일반협정(GATT: Accord général sur les tarifs douaniers et le commerce)을 대체하여 1995년 1월 1일에 설립된 세계무역기구(OMC)는 회원국들 사이의 분쟁 조정을 법적으로 강제하는 기구를 창설했다. 이와 마찬가지로 1994년 1월 1일에 탄생하여 미국, 캐나다, 멕시코가 합류한 북아메리카 자유교역협회(ALENA 또는 미국식 약어로 NAFTA: Association de libre-échange nord-américaine)도 동일한 유형의 기구 설치를 계획하고 있다.

이 모든 기구들은 무엇보다도 내정과 외교 업무 사이의 경계가 얼마나 여지가 많고 유동적인가를 보여준다. 이 기구들은 어떤 문제(열대림, 핵확산, 인권, 무역)가 국가나 여론이 보기에 세계의 안정과 안보에 영향을 미칠 수 있다고 여겨질 때 구체화된다. 이 모든 장치들은 무엇보다도 지역적인 것(유럽, 북아메리카)이든 전세계적인 것이든 공동체의 형성을 나타내는 징조들이다.

그러나 이러한 내정간섭 제도들은 국가들간의 합의에 의해서만, 더 폭넓게 말해 힘(군사력)을 가진 국가들의 합의에 의해서만 기능할 수 있다. 따라서 전(前) 유고슬라비아의 문제를 다루기 위해 설치된 재판소는 인도주의적 차원의 권리를 침해한 장본인들이 체포되어 법원에 출두할 경우에만 자신의 임무를 완수할 수 있다. 재판소의 검사는 그가 충분한 증거를 확보한 인물들에 대해 체포영장을 발부할 수 있다. 하지만 죄인의 실제 출두는 두 부류의 당사자들, 즉 범죄자들의 출신 국가(세르비아, 크로아티아 등)와 IFOR(Implementation Force)의 군인들이 이런 관점에서 조사에 협조할 때에만 이루어질 수 있다. IFOR의 군인들은 데이턴 협약(1995년 11월)에 의해 신생 보스니아-헤르체고비나의 수립을 감시하는 임무를 맡아 이 공화국에 숨어 있는 죄인들을 체포했을 것이다. 여기서 재판의 심의는 (세르비아와 크로아티아의 지도자들, 강대국들의) 정치적 책략을 묵인했다.

1990년대 후반에 국제형사재판소의 설립 계획은 프랑스를 불안하게 했다. 그렇지만 인권의 모국인 프랑스는 초기에는 이 계획을 강력하게 지지했다. 그러나 많은 프랑스의 군인들은 대부분 국제연합군으로서 그들이 주민의 대량 학살과 강제 수용을 목격했던 작전 지역에 참전해 있었다. 상황이 이러하자 국방장관은 국제재판소가 설립되면 자국의 군인들 중 상당수가 인명 구조 태만죄와 반인류적 범죄에 공모한 죄로 고발당할 위험이 있다고 생각했다.

재래식 내정간섭의 와해와 재구성

국가가 아니라 국제기관에서 비롯되는 '새로운' 내정간섭이 출현했다고 해서 '재래식' 내정간섭이 사라진 것은 아니다. 과거의 내정간섭은 강대국들이 자국의 안보를 위하여 행한 것이었고 간섭은 언제나 보편 이익이라는 동기에 의해 정당화되었다.

물론 이미 수십 년 전부터 타격을 받아온 옛 식민열강들의 내정간섭의 역량은 약해졌다. 아프리카에서의 프랑스의 세력권도 그러했다. 1990년대 들어 프랑스의 내정간섭을 점점 더 어렵게, 점점 비합리적인 것으로 만들어온 많은 변화가 일어났다. 주요 군사수단은 동원하지 않고 해결책

없는 분쟁에 말려들지 않으려는 배려, 통치자들과 여론의 신식민주의에 대한 감정, 아프리카 국가들과 더욱 균형 잡힌 성숙한 관계를 확립하려는 의지를 표명한 프랑스의 담론과 제스처, 마지막으로 국제체제의 민주화를 주요 변수로 들 수 있다.

그러나 '제국적 요청'[7]은 끊임없이 다시 나타나고 있다. 코카서스나 중앙아시아에 군대를 파견한 러시아는 전 소련에서 갈라져 나온 공화국들에 살고 있는 러시아인들의 안전과 안정된 이웃 관계를 누릴 권리를 내세운다. 이러한 이중의 요청을 내세워 러시아는 국제 공동체—더 정확히 말해 평화 유지의 임무를 맡고 있는 세계적인 기관인 국제연합의 안전보장이사회—가 이 지역의 질서 확립에 대한 책임을 러시아에게 영구 위임해줄 것을 요구하고 있다. 미국은 먼로주의(doctrine de Monroe)를 잊지 않고 이 독트린에 의해 미대륙의 보호자로 자처하고 있다. 1994년 7월 31일 라틴아메리카 국가들의 강력한 반대에도 불구하고 미국은 안전보장이사회(찬성 12표, 기권 1표)로부터 아이티 정권에서, 1991년 9월 민주적으로 선출된 대통령 장-베르트랑 아리스티드를 전복시킨 군사를 몰아내기 위해 군사력을 포함

---

7) Ghassan Salamé, *Appels d'empire. Ingérences et résistances à l'âge de la mondialisation*, Paris, Fayard, 1996.

한 '온갖 필요한 수단'을 사용해도 좋다는 인가를 얻어냈
다.

세계 최강대국들이 국제 공동체의 위임 없이 더이상 행
동할 수 없어 이처럼 안전보장이사회의 지지를 구한다는
사실이 국제 공동체가 강화되었다는 증거일까? 아니면 반
대로 강대국들이 모두의 이름으로 평화 유지를 보장한다고
여겨지는 기관을 그들을 위해 설치하거나 유지하는 것일
뿐인가?

1996년 아프리카 대호수(Grands Lacs africains)의 위기
는 '재래식' 내정간섭과 '새로운' 내정간섭이 영원히 뒤얽
혀 있음을 확인해준다. 실상 1996년 투치 족과 바후투 족
의 대치는 자이르의 통일을 위협하면서 국제 무대의 전면
으로 다시 부각되었다. 이러한 대립이 야기한 난민의 대량
유출이 1996년 가을 동안 국제적 개입의 문제를 새롭게 제
기하였고 이어서 이러한 개입안이 쟁점이 되었다. 소수민
족인 투치 족이 지배하는 르완다는 이 사건에 끼여들고 싶
어하지 않았다. 다시 말해 그들이 추진하고 있던 바후투 족
민병대 소탕을 방해받고 싶어하지 않았다. 한창 해체가 진
행중이던 자이르는 자국에 이익이 되도록 국제적인 원조를
얻어내고 자이르 영토에 대한 르완다의 무력행위를 중단시
키려 했다. 안전보장이사회 내부에서 강대국들은 사소한

일로 서로 말다툼을 벌였다. 언제나 인류의 대변자 노릇을 하려고 노심초사하며 아프리카 내 자신의 세력권에 대한 통제력을 잃을까 불안해하는 프랑스는 서둘러 개입은 하였지만, 1994년 프랑스의 활동이 극도의 불신 분위기 속에서 전개되었다는 사실은 잊을 수 없다. 국제 공동체가 지구의 근위병으로 여기는 미국은 자국의 군인들을 파견해야 한다는 압력을 받았다. 그러나 베트남에서의 부진을 분명히 기억하고 있는 미국은 행보를 지체하면서 조건(작전은 그들의 명령하에 이루어져야 한다)을 제시했다. 결국 바후투 족 난민들은 자발적으로 르완다로 돌아왔고 간섭은 슬그머니 사라졌다. 대호수의 비극은 20세기 말에도 '순수한' 내정간섭은 존재하지 않는다는 사실을 상기시켜주었다. 인도주의와 정치, 관대함과 계략은 끊임없이 뒤섞이면서 지속적으로 상호작용을 한다.

내정간섭의 통합기구란?

내정간섭의 통합기구가 존재한다. 안전보장이사회를 핵심에 두고 있는 국제연합 제도가 그것이다. 그러나 내정간섭의 진정한 전지구적 장치를 고안하여 그것을 더욱 발전시키는 것이 가능할까?

합법적인 내정간섭과 그것의 요건, 가능한 조건을 규정할 문건―총회의 결의안? 국제협약?―을 작성하는 것이 바림직할 것이다. 이 점과 관련하여 1951년부터 1974년에 걸쳐 국제연합 총회 내의 전문적인 몇몇 위원회가 침략을 정의하고자 애를 썼던 사실을 기억해야 한다. 그리하여 마침내 침략을 규정하는 결의안이 채택되었다(1974년 12월 14일 3314 (XXIX) 결의안). 그런데 이 문건은 어떤 법률의 영향력에서도 벗어나 있었을 뿐만 아니라, 너무도 일반적인 이 문서에서 누구나 자신이 침공자가 아니라 침공을 받은 자라는 것을 입증할 수 있는 논의를 끌어낼 수 있으므로 아무런 쓸모가 없었다. 내정간섭을 규정하는 문건도 동일한 운명을 겪을 것이다.

더욱이 내정간섭의 통합기구가 갖는 합법성은 또 다른 국제제도를 전제로 한다. 주권국가는 경제생활의 규제, 인권의 보호, 천연자원의 관리, 환경보존 등에 관한 국가의 역량을 감시하고 담당하는 집단적인 구조들 속에 부분적으로 혹은 전체적으로 포함되고 또 변형될 것이다. 이 모든 것이 현재 구성중이다. 결국에는 이러한 진전이 하나의 세계 국가를 초래하리라. 그러나 그렇게 되면 인류는 단 하나의 굴레에 묶이게 될 것이다. 인류에게 그것은 최악의 재앙이 아닐까?

해설

·

국가주권과 내정간섭

국가주권과 내정간섭

구춘권(서강대 공공정책대학원 대우교수·정치학 박사)

1

　근대국가의 성립 이래 주권은 국가를 구성하는 핵심적 요소로 여겨져왔다. 주권을 가진 국가는 독립적이며, 확정된 영토를 가지고 있고, 평등하고 자유로운 주체로서 국제사회에서 국가적 권리를 행사한다는 사실은 정치학을 전공하지 않은 사람들조차 익히 들어온 상식적인 애기일 것이다. 그러나 이 상식의 적용은 현실에서 그리 간단한 문제가 아니었다. 주권의 평등이라는 추상적 원칙은 현실세계의 엄청난 정치적·경제적·사회적 불평등 아래서 추구되어야 했다. 강대국은 이 원칙을 도구적으로 해석했는데, 자국의 이익이 문제 될 경우 주권의 평등보다는 자유로운 국가적 권리의 행사를 선호하였다. 주권확립을 기치로 내건 19세기 서구의 민족국가운동의 확산은 식민지 지역에서 주권의 침해와 폐기, 경제적 착취 및 강탈과 동시에 진행되었던 것이다.

20세기 초반의 역사는 서구에서조차 국가주권의 개념을 깊은 위기 속에 빠뜨렸다. "학살의 시대"를 열었던 제1차세계대전, 자유주의의 위기와 파시즘의 대두, 세계 경제대공황, 5,000만의 인명이 살상된 제2차세계대전으로 이어지는 파국의 연속은 자유와 평등이라는 문명적 이상을 붕괴시켰고, 군사력과 폭력이라는 야만으로 세계를 채웠다. 국가주권의 의미는 힘과 권력의 차원으로 축소되었다.

파국으로 시작된 20세기 역사를 극적으로 반전시킨 것은 자유주의와 공산주의의 "기묘한 동맹"이 파시즘을 패퇴시키면서부터이다. 파시즘이라는 인류 최대의 야만에 대한 반성, 그리고 일종의 "계급타협"이라는 사회적 합의의 성립은 선진자본주의국가들에서 민주주의의 심화를 가져오는 계기로 작동했다. 민주주의는 자유권과 참정권이라는 형식적인 법적 권리의 차원을 넘어, 사회적·경제적 영역에서의 기본권 확립이라는 방향으로 심화되었고, 그 결과 "사회국가" 혹은 "복지국가"가 탄생하였다.

　전쟁의 경험과 파시즘에 대한 반성은 또한 지금까지 권력정치로만 이해된 대외정치의 의미를 일정하게 변화시켰다. 한 국가의 자유로운 권리의 행사는 다른 국가의 주권과 상충할 수 있으며, 따라서 주권의 존중은 주권 행사의 제한과 무관하지 않다는 인식이 확산되었다. 국제관계에서 "주권(Souveränität)"의 개념은 점차 낡은 것으로 이해되었으며, 이를 대신해 "국민권(Völkerrecht)"의 개념이 선호되어 사용되기 시작했다. 이러한 변화를 배경으로 적극적인 평화 지향, 민족자결권의 실현, 개인 권리의 존중, 국가간의 관계에 있어 폭력 사용의 혐오, 국제기구의 권한 인정 등에 대한 국제적 합의가 가능해졌다. 1945년 국제연합의 창설은 이 국제적 합의의 표현이었음은 물론이다.

　다른 한편 제2차세계대전의 종식과 함께 탈식민화의 큰 물결이 일었다. 1939년만 하더라도 국제적으로 독립이 인정된 국가가 단 하나에 불과했던 아프리카에서는 약 50개의 새로운 국가들이 생겨났고, 아시아에서도 독립국가들의 수는 5배로 늘어났다. 정치적 탈식민화의 과정이 — 예컨대 베트남에서와 같이 — 항상 순조로운 것만은 아니었지만, 과거의 열강들은 — 1956년 수에즈 사태와 같은 상황을 예외로 한다면 — 제국의 시대가 끝났다는 사실을 기본적으로 수용했다. 수많은 주권국가들이 새롭게 탄생했고, 국제적으로 인정되었으며, 이는 지구의 정치지도를 근본적으로 바꿨다. 20세기 초반만 하더라도 지구상 대부분의 민족들에게 해당되었던 식민지 지배는 종식되었고, 새롭게 탄생한 주권국가들은 최소한 국제연합의 총회에서 과거 그들의 지배국과 동일한 한 표를 행사할 수 있는 커다란 변화가 일어난 것이다.

2

"내정간섭" 혹은 "주권침해"의 문제가 국제정치의 한 이슈로 등장할 수 있었던 것은 전통적인 국가주권의 의미가 일정하게 수정되면서, 자유로운 국가적 권리의 행사를 제한하는 국제질서가 모색되면서부터이다. 제2차세계대전 및 식민지 해방 이후 탄생한 국제기구들은 강대국의 패권과 간섭이라는 전통적 논리를 거부했고, 외부의 내정간섭으로부터—특히 약소국가들의—주권을 보호하려고 시도했다. 모든 국가들의 주권 평등, 분쟁해결수단으로서 무력사용의 혐오, 침략전쟁에 대한 집단적 대응을 강조한 국제연합헌장은 이러한 노력을 표현하고 있었음은 물론이다.

"하나의 세계"를 지향한 국제연합헌장의 이상주의는 그러나 뒤이은 냉전의 발발과 함께 큰 시련에 빠진다. 매카시

즘(McCarthyism)의 광란적인 반공주의적 공세는 새로운 세계에 대한 "뉴딜(New Deal)"의 이상을 초토화하는 듯이 보였다. 세계는 다시 자본주의와 공산주의 간의 체제경쟁과 적대로 분열되었고, 사람들은 평화보다는 폭탄과 핵전략에 몰두하기 시작했다. 미국과 그 동맹국들은 1954년 "대량보복"전략을 고안해냈고, 잠재적 침략자의 제한된 재래식 공격조차 핵무기로 응징할 것임을 공공연히 선포하였다. 평화라는 전후의 세계적 합의는 불과 몇 년 만에 뒤집혀지는 듯이 보였다.

비이성적이고 묵시론적인 냉전적 수사에도 불구하고, 냉전의 시기는 상대적으로 평화로운 한 시대를 의미했음에 주목해야 한다. 왜냐하면 냉전은 ― 비록 비용이 많이 든 비합리적인 방법이긴 했지만 ― 이데올로기를 무력화할 정도의 많은 무기들로 세계를 가득 채움으로써, 역설적으로 전쟁의 가능성을 크게 줄였기 때문이다. 역사학자 에릭 홉스봄이 지적하듯이, 냉전의 독특성은 객관적으로 세계전쟁이 곧 일어날 위험이 전혀 존재하지 않았다는 데에 있었다. 국지적인 전쟁은 그것이 초강대국간의 핵전쟁을 촉발할지도 모른다는 우려에 의해서 통제되거나 억제되었고, 이같이 얼어붙은 국제상황은 지속적인 평화를 가능케 하였다.[1] 냉전은 그 당사자들에게 일종의 "냉평화(Cold Peace)"를 의

미했던 것이다.

이 시대의 "내정간섭"은 기본적으로 냉전의 논리에 종속되었다. 미국과 소련은 상대방의 영향력이 행사되는 지역을 서로 인정하였고, 그 지역의 사태에 개입하지 않았다. 1953년 동독 노동자의 반란, 1956년 헝가리 혁명, 1968년 "프라하의 봄"을 진압한 소련 탱크의 출현을 미국은 ─ 공산주의에 대한 "반격(roll back)"이라는 이데올로기적 수사에도 불구하고 ─ 묵묵히 지켜보았다. 이에 대한 암묵적 답변으로 소련 역시 자신의 영향권 밖에서는 침략적이지도 팽창주의적이지도 않았다. 반면 이 초강대국들은 자신의 영향력이 행사되는 지역의 정부가 편을 바꾸는 상황을 군사적·음모적 수단을 동원해서조차 막아냈고, ─ 토착 혁명이 일어났던 베트남과 같은 상황을 예외로 한다면 ─ 이 시도는 또한 성공적이었다고 할 수 있다.

3

1989년과 1990년 동구권 "현존사회주의" 체제의 붕괴와 더불어 냉전은 끝났다.[2) 체제경쟁과 적대에 의해 규정

1) 이 지속적인 평화는 이 시기 선진자본주의국가들이 경험한 소위 "자본주의의 황금시대"의 국제정치적 전제였음은 물론이다.

된 세계질서가, 이를 유지했던 한 축이 와해됨으로써 돌이킬 수 없이 종식된 것이다. 냉전의 종식이 — 프랜시스 후쿠야마의 주장처럼 — 자유주의의 영원한 승리를 가져온 "역사의 종언"이 아니라, 전후 억제된 온갖 종류의 갈등과 국제분쟁을 터뜨리는 계기였음을 알게 되는 데는 그리 긴 시간이 걸리지 않았다. 냉전이 끝나자마자, 쿠웨이트와 이라크의 오랜 이해갈등은 1990년 11월 후자가 전자를 점령하는 사태로 치달았다. 이는 더이상 소련이 초강대국으로 존재하지 않는 상황이었기 때문에 가능해진 것이다. 1989년 이전이었다면, 이라크의 주된 무기공급국인 소련이 바그다드의 군사적 모험주의를 단념시켰을 것임에 틀림없다. 1999년 "코소보 전쟁"으로 알려진 미국과 나토의 유고슬라비아에 대한 공습 역시, 이미 역사가 되어버린 냉전체제 아래서는 감히 상상하기조차 어려운 일이었음은 물론이다.

냉전의 종식은 "내정간섭"의 문제를 새롭게 부상시켰다. "내정간섭"은 더이상 냉전의 논리에 의해서가 아니라, 평화유지 및 인도주의적 요구의 차원에서 접근되기 시작했다. 제2차세계대전 종식 이후의 몇 년과도 같이, 탈냉전과 함께 세계평화에 대한 이상주의적 희망이 부풀었으며, 체제 적대

---

2) 보다 정확히 1987년 워싱턴 정상회담에서 실질적 냉전은 끝났다고 할 수 있다.

의 무게에 짓눌렸던 국제연합의 활동영역도 이제 적극적으로 확장되는 듯이 보였다. 국제연합 총회는 1988년 12월 "천재지변과 이에 상응하는 긴급 상황의 희생자들에 대한 인도주의적 원조"라는 야심에 찬 결의안을 채택했고, 안전보장이사회는 1991년 이라크 군대의 탄압에 시달리는 쿠르드 족에 대한 지원 결의, 그리고 1992년 "소말리아 결의" 등을 통해 "인도주의적 개입"의 반경을 괄목하게 확장시켰다. "쿠르드 족 결의"에서 국내 인권문제, 즉 "이라크의 여러 지역에서 발생한 이라크 민간인에 대한 탄압"은 "평화에 대한 위협"으로 인정되었고, "소말리아 결의"에서 인도주의적 내정간섭은 안전보장이사회에서 만장일치의 지지를 받았다. 국제연합의 평화유지활동(peace-keeping operations)은 냉전시대의 전기간 동안 13번에 불과했지만, 1988년에서 1993년까지 앙골라, 캄보디아, 나미비아, 엘살바도르, 소말리아, 크로아티아, 보스니아 등지에서 무려 20번이나 새롭게 결의되었다.

세계평화를 위한 국제연합의 적극적 역할에 대한 기대는 그러나 곧 실망으로 반전되고 만다. 냉전체제의 종식은 새로운 평화적 세계질서를 구축할 수 있는 둘도 없는 기회를 제공했음에도 불구하고, 강대국들—특히 미국—은 국제연합이 새로운 세계질서의 "건축기사"로 활동하는 것을 원치 않았다. 그들은 ─ 국제연합에서 평화유지와 평화창출을 위한 "인도주의적 개입"이 논의되는 바로 그 순간 ─ 자신들의 이해와 패권을 담보할 수 있는 세계질서의 틀을 독자적으로 짜내고 있었다.

구체적으로 미국과 나토는 1991년 11월 로마에서 열린 정상회담에서 "동맹의 새로운 전략구상"에 합의했다. 바르샤바조약기구의 붕괴와 함께 방어적 집단안전보장체제로서 존재이유를 상실하게 된 나토는, 이제 자신의 과제를 보다 공격적으로 정의함으로써 존속의 새로운 근거를 찾으려 했다. 나토의 신 구상은 과거와는 본질적으로 다른 ─ "모든 방향들로부터 오는" ─ 도발들과 위험들을 정의하고 있는데, 여기에는 "대량살상무기의 확산", "중요한 자원들의 공급중단", "테러 및 사보타주 행위들", 그리고 "종족적 갈등과 국경분쟁들"이 포괄되고 있다. 한때 "공산주의에 대한 방어막"으로서만 존재했던 나토는 이제 이론적으로 지구의 모든 위험에 개입할 수 있는 군사기구로 다시 태어난 것이다.3)

---

3) 같은 시기 독일 역시 ─ 나토의 동맹국임에도 불구하고 ─ 나토로부터 독자적인, 자신의 주도적 위치를 확보할 수 있는 군사조직의 가능성을 검토하기 시작했다. 이러한 독일의 대외정치전략은 1991년 12월 마스트리히트 조약의 체결과 함께 서유럽동맹(WEU)이 유럽연합(EU)의 정치군사기구로 격상됨으로써 보다 급속히 틀을 갖추게 된

패권적 질서를 유지·강화하려는 미국의 의도, 그리고 이 패권적 질서에 도전하는 — 혹은 이 패권적 질서를 자신의 대외정치적 입장을 강화하는 방향으로 수정하려는 — 다른 강대국들의 이해는 국제연합이 진정한 다자주의적 원칙에 기초해 세계평화를 관장하는 초국적 기구로 발전할 기회를 막았다. 1993년 이후 드러난 국제연합의 "인도주의적 개입"의 실패는 한편 기술적 차원의 문제이기도 했지만 — 국제연합 평화유지군의 무력함,4) 상비군의 부재 등등 —, 보다 결정적으로 자신의 이해와 독립적인 국제기구의 출현을 원치 않는 미국을 필두로 한 강대국들의 정치적 무성의에 기인하고 있었다.

1999년 미국과 나토의 — 국제연합 안전보장이사회의

다. 서유럽동맹은 1992년 6월 "페터스베르크 선언"을 통해 자신의 전략적 구상을 드러낸다. 독일의 지대한 영향력 아래 작성된 이 선언은 서유럽동맹의 위상을 강화하고, 나아가 이 동맹의 활동반경을 "역외(out of area)"로 확장할 것을 핵심으로 하고 있다. 선언은 또한 서유럽동맹의 새로운 과제를 "인도주의적 임무 및 구호목적의 출동, 평화유지적 과제, 평화를 유도하는 조치들을 포함한 위기관리를 위한 전투들"로 정의함으로써, 나토의 신 전략에 버금가는 광범위한 개입을 지향함은 물론, 장기적 안목에서 서유럽동맹이 나토로부터 독립적인 군사조직으로서 존립할 것임을 표명했다.

4) 국제연합 평화유지군은 파견된 분쟁지역의 교전세력들 사이에서 중립적인 태도를 취해야 했다. 무력의 사용이 제한되어 있는 평화유지군은 학살이나 "인종청소"를 막을 수 없었을 뿐 아니라, 보스니아, 소말리아, 르완다 등에서와 같이 종종 그 지역 무장세력의 인질이 되거나 살해되기조차 하였다.

결의를 거치지 않은—유고슬라비아 공습은 이러한 경향을 다시 한번 확인하게 했을 뿐 아니라, 한걸음 더 나아가 국제연합의 분쟁조정능력을 무력화하려는 시도로까지 해석된다. 특히 미국은 코소보 전쟁을 통해 나토를—국제연합을 포함한 어떠한 국제기구에도 구속되지 않는—전지구적이고 보편적인 위기관리기구, 즉 새로운 세계질서의 중심축으로 격상시키려는 의도를 내보였다. 그러나 국제연합을 분쟁해결에서 배제하는 것은—이는 향후 지구적 갈등의 조정에 있어 안전보장이사회의 상임이사국인 러시아와 중국의 역할을 주변화하겠다는 의도임은 물론이다5)—21세기 세계질서를 불안정성 속으로 이동시키는 중대한 정치적 오류로 보인다. 세계평화란 결국 경쟁과 대치에 의해서보다는 타협과 합의에 의해서 구축될 수 있다는 사실은, 단지

5) 무엇보다 미국 그리고 영국은 코소보 전쟁중에 이러한 목표를 추구하였다. 반면 독일을 비롯한 유럽 대륙의 국가들은 이에 동의하지 않았다. 코소보 전쟁에서 독일 외교정책의 한 긍정적 측면이라면 협상과정에서 러시아를 배제하지 않았고, 국제연합의 해당기구, 특히 안전보장이사회를 갈등해결에 포함시키려 했던 점이라고 할 수 있다. 냉전 이후 새로운 세계질서의 형성에 있어 코소보 전쟁이 갖는 의미에 관해서는 다음을 보라(구춘권, "코소보 전쟁과 21세기의 세계질서", 《진보평론》, 창간호, 1999). 이 입장에 비판적인, 코소보 전쟁에 관한 또다른 해석으로는 다음을 보라(이삼성, "미국외교와 '인도적' 군사개입: 코소보의 인식을 중심으로", 한국정치학회 연례학술회의 발표논문, 1999).

이상주의적 희망이 아니라 우리가 20세기 역사의 경험으로
부터 얻은 뼈저린 교훈이다.

4

　　이 책은 내정간섭의 역사는 물론, 내정간섭의 대단히
복잡하고 다양한 측면을 분석하고 있다. 이 책의 지적처럼
오늘날의 세계는 극도의 혼잡함, 좁아진 지구촌, 온갖 종류
의 교류의 격증으로 인해 조직적이면서도 자발적인 내정간
섭들이 야기되고 있음은 물론이다. 따라서 내정간섭은 우
리에게도 남의 얘기가 아니다. 실제 한국은 — 1991년 9월
남·북한이 동시에 국제연합에 가입한 이래 — 지난 10년 동
안 소말리아와 앙골라에 공병부대를 파견하여 국제연합의
평화유지활동에 참여했으며, 지금도 서부 사하라, 동티모르
에서는 단위부대로, 그루지아, 인도·파키스탄 지역에서는
군감시단으로 참가하고 있다. 이같이 우리는 평화유지활동
이라는 이름 아래 이미 다른 나라의 내정에 간섭하고 있을
뿐만 아니라, 또한 동시에 내정간섭의 대상이기조차 하다.
한국이 경험한 소위 "IMF사태"는 이 책이 강조하는 경제
적 내정간섭의 극적인 형태임은 물론이다.
　　이 책에서 서술되는 것처럼 내정간섭의 다양하고 복잡

한 차원을 염두에 두되, 또한 정치적·군사적 내정간섭의 차별성 역시 주목해야 한다. 특히 정치적·군사적 내정간섭의 경우 다음의 원칙을 잊어서는 안될 것이다. 내정간섭이 불가피하다면, 이는 궁극적으로 갈등과 분쟁이 야기된 원인들을 해결하는 방식으로 진행되어야 한다. 간혹 이 원인들이 너무도 복잡하여 정치적·군사적 개입으로 해결할 수 없다면, 다른 방식의 문제 해결을 찾는 것이 현명하다.

참고문헌

Bettati Mario. 1996, *Le Droit d'ingérence: mutation de l'ordre international,* Paris, Odile Jacob.

Brauman Rony. 1995, *L'action Bumanitaire,* coll.(Dominos), Paris, Flammarion.

Buirette Patricia. 1996, *Le droit international humanitaire,* coll.(Repéres), Paris, La Découverte.

Bull Hedley(ed.). 1984, *Intervention in World Politics,* Oxford, Clarendon Press, 1984

Corten Olivier, Barbara Delcourt, Patrick Herman, Pierre Klein, Olivier Paye, Eric Remacle, Eric Robert, Jean Salmon. 1993(deux tomes), *A la recherche du nouvel ordre mondial,* coll.(Interventions), Bruxelles, Complexe.

Destexhe Alain. 1993, *L'humanitaire impossible: histoire d'une ambiguite,* Paris, Armand Colin.

Domestici-Met Marie-José. 1989, "Aspects juridiques récents de l'assistance humanitaire," *Annuaire francais de droit international,* 35, p.117-148.

Greenwood Christopher. 1993, "The International Tribunal

for Former Yougoslavia," *International Affair,* 69 (4), p.641-655

Pierré-Caps Stéphane. 1995, "Peut-on parler actuellement d'un droit europeéd des minorités," *Annuaire francais de droit international,* 40, p.72-105.

Rodley Nigel(ed.). 1992, *To Loose the Bands of Wickedness,* Londres, Brassey's.

Rufin Jean-Christophe. 1994, *L'aventure humanitaire,* coll.(Découbertes), Paris, Gallimard, 1994

Séroussi Roland. 1994, *Gatt, FMI et Banque mondiale: Les nouveaux gendarmes du monde,* Paris, Dunod.

Thornberry Cedric. 1996, "Saving the War Crimes Tribunal," *Foreign Policy,* 104, automne, p.72-85

필립 모로 드파르주(Philippe Moreau Defarges)
1943년생.
외무부 고문, 파리 정치학 연구소 교수, 국제 관계 프랑스 연구소
특별 위원.
저서 『국제관계(*Relations internationales*)』(Le Seuil, 2ᵉ éd., 1994),
『지정학 입문(*Introduction à la géopolitique*)』(Le Seuil, 1994),
『유럽 체제(*Les institutions européennes*)』(Armand Colin, 2ᵉ éd.,
1995), 『세계 속의 프랑스(*La France dans le monde*)』(Hachette,
1994), 『국제정치의 주요 개념들(*Les grands concepts de la politique
internationale*)』(Hachette, 1995), 『세계화(*La mondialisation*)』(PUF,
1997)

문경자
1963년생.
서울대학교 불어불문학과 대학원에서 석사·박사 학위 취득.
현재 서울대 강사.
논문 「루소의 자서전 글쓰기와 진실의 문제」
역서 『성의 역사』(2권, 나남), 『혼돈을 일으키는 과학』(솔),
『부르디외 사회학 입문』(동문선)

한울-시앙스포 총서 5

내정간섭

ⓒ 도서출판 한울, 2000

지은이 | 필립 모로 드파르주
옮긴이 | 문경자
펴낸이 | 김종수
펴낸곳 | 도서출판 한울

편집책임 | 곽종구
편집 | 이경희

초판 1쇄 인쇄 | 2000년 8월 10일
초판 1쇄 발행 | 2000년 8월 25일

주소 | 120-180 서울시 서대문구 창천동 503-24 휴암빌딩 3층
전화 | 영업 326-0095(대표), 편집 336-6183(대표)
팩스 | 333-7543
전자우편 | newhanul@nuri.net
등록 | 1980년 3월 13일, 제14-19호

Printed in Korea.
ISBN 89-460-2780-0 94300

* 책값은 겉표지에 적혀 있습니다.